LEARN GERMAN WITH 25 STORIES

Studententreffen

COMPLETE SHORT STORY COLLECTION FOR BEGINNERS

A=L
ASSOCIATION OF
EUROPEAN LANGUAGES

Language
Starter
Book

COLLECTION OF 25
MODERN AND CLASSIC
SHORT STORIES

CHRISTIAN STAHL

Learn German with Stories

Studententreffen

Complete Short Story Collection for Beginners

Collection of 25 Modern and

Classic Short Stories

Christian Stahl

Christian Stahl

Details of all the author's available books and upcoming titles can

be found at:

www.shortstoriesforbeginners.com

Contents

The Stories and their value as teaching tools
The benefits of extensive reading when learning German
Short stories for beginners and intermediate level - What to expect
What can be done if you don't understand something?
What you need to know about German classic short stories

The Stories and their value as teaching tools

Reading culturally interesting and humorous short stories to enhance your German is an easy way to improve your language skills. This book contains a selection of 20 short stories for beginners plus 5 classic stories with a wide range of genres, all prepared specifically for German language learners. The aim of this book is to teach different topics, words and phrases associated with them in a short period of time. Each story of the collection is reasonably short and split into easily digestible chapters.

Content wise, all the stories are of cultural interest and abundant in terms of language in a way that beginners and intermediate learners can still easily digest. However, the language, the words and phrases you'll encounter are useful and practical for everyday German speaking.

You will be exposed to a variety of tenses in each story; a nice blend of future, present, and past tense verbs. As such, you will grow more confident in your abilities to understand German without feeling overwhelmed or confused.

Advance as you read

Each of the first 10 short stories take about 4 minutes to read and average about 400 to 600 words. Important words and phrases relevant to each topic were selected carefully and are followed by English Parallel text.

The stories 10 to 20 are a little longer and slightly more advanced in terms of vocabulary and take about 4 to 5 minutes to read, and contain vocabulary from the previous stories. The last 5 stories are classic German short stories from famous 19th century authors.

The first 20 stories are intended mainly for elementary to intermediate level learners, but it will also be useful for more advanced learners as a way of practicing their reading skills and comprehension of the German language. Each story includes summaries of the plot and a list of key vocabulary to compare the content and your own advancement as you continue to read.

The stories have been arranged according to their degree of difficulty and each story is accompanied by a key vocabulary section and story related questions.

The benefits of extensive reading when learning German as a second language

Over time, you will build an intuitive understanding of how German functions. This differs from a more theoretical understanding put together via learning rules and conceptual examples:

1. One important aspect of a successful learning process is a feeling of accomplishment, and enjoyment because that will keep you coming back.
2. You learn simply by reading.
3. Read the story from start to finish to thoroughly enjoy it.
4. It's more important to reach to finish the story without stopping, then to understand each and every word. The simple truth is that you won't get everything your first time around which is completely normal.

Short stories for beginners and intermediate level students

What learners can expect

The first 10 short stories are for beginners and intermediate level learners. All the stories are divided into easily digestible chapters with many page breaks, making progress simple, and with each section you read, you'll feel as if you've actually achieved something. Some stories, especially the ones you find towards the end of the collection are more focused on dialogue. These stories contain loads of natural dialogue, so you can learn conversational German as you read. This is doubly beneficial as you will improve your speaking ability as well.

Particularities of using and reading the text

Some particularities include the letter *ß*. This letter, also known as *sharp s* has become quite obsolete in modern German literature and is getting more substituted by the common form of *ss* (double *ss*); for a better readability and a better general understanding we have only used the German double ss instead of the old *ß* form.

In German many words are written together with so called word links, which over time had become the norm rather than the exception, especially after the various grammar and spelling reforms over the last decades.

Although some German scholars still detest the new rules, word links are an important part of the German language. Therefore, we have used as many word links as possible to give the reader a better understanding of the context and to show examples of how the language structure can be used in an understandable yet progressive fashion.

What can be done if you don't understand something?

1. The first step is to see if you recognize the word in any way. If you're a native English or Spanish speaker, you will probably recognize certain elements of German vocabulary.

2. Read the sentence again and again. You can often guess the meaning of a word by simply using the context of the sentence and the rest of the story. Take a guess at the meaning of the word; it's not as difficult as you think! If you understand the general meaning of the story, it's usually enough to recognize the smaller parts.

3. When all else fails, use the vocabulary list. This is a final move sort of tactic; the previous steps are better designed to help you to learn German without an aid. Your reading will improve drastically as you develop this skill.

How the material can help you

You come across a **bolded word**. What does it mean? It means, these are **important words** and their definitions in English are given at the chapter's end. This takes out the need to use a dictionary which is not only tedious, but will take your focus off the story.

Second, at the end of each story you find **plot summaries,** which can help you ensure you do not overlook any important details.

Finally, every chapter contains a set of **comprehension questions** to test your own understanding of the chapter. Plus, they give you some added motivation to read in-depth and not try to skim over anything.

What you need to know about German classic short stories and literature

The German short story – Its origin and today's value

Already for decades, short stories have been an art form in literature. As its history proves, the commencement of the American short story is very important, though there are strictly speaking three different reception phases to be distinguished. In Germany, after the early reception of the short story in 1900, the new reception in the twenties and problematic incidents during the Nazi-time, new interest in short stories was created after 1945, as a changing in speech, literature, and moral values had been required. In that context the adoption of the short story seemed to be contemporary from the point of view of authors, readers, and educators and made the short story the most popular narration form until the balance between the different forms shifted about twenty years later.

In Germany the novelette and the short story are basically distinguished. Traditionally, the novella is an opposite pole which has only artistic characteristics.

After 1945 the term "Kurzgeschichte" (short story) began to establish an artistically sophisticated form, which differs from other kinds of prose texts. Instead of dominating literature, the short story became an inherent part of literary life.

Famous American writers like Hemingway, who has inspired many German writers until these days, enabled new interest in short stories in the fifties and sixties. Meanwhile short stories have "grown up": Nowadays critics do not refer short stories anymore to a "humble form" of germanophone media, they have become an important pillar of German education, culture, and literature.

Volume I

German Short Stories

for Beginners & Intermediate Level Students

1. Abenteuer in der Sauna

Adventures in the sauna

Herr Schmidt ist ein **Geschäftsmann**. Er hat einen kleinen **Imbiss** in einem Bahnhof, dort verkauft er frittierte Schnitzel und **Pommes**.

Mr. Schmidt is a businessman. He owns a small restaurant at a railway station where he sells schnitzel and fries.

Er hat viele **Stammgäste**, die meisten Kunden **mögen** seine Gerichte. Nach **Feierabend** geht er **häufig** in eine Sauna und entspannt sich.

He has a lot of regular guests because most of the customers like his food. In the after-work hours he frequently goes to a spa to calm down and relax.

Vor einiger Zeit ging Herr Schmidt wieder in die Sauna. **Eigentlich** ist es eine typische Saunalandschaft, wie man sie häufig in vielen Deutschland in Städten findet. Sie sind **eingerichtet** mit mehreren Saunen und Schwimmbad

Some time ago Mr. Schmidt went again to the sauna. Actually it is a typical spa facility as they can be found in many German cities. They are furnished with several saunas and a swimming pool.

An diesem Tag schien die Temperatur in der Kräuter-Sauna **besonders** hoch.

Herr Schmidt saß schon in der Sauna auf der Bank, als die Tür aufging. Ein

Mann kam herein. Herr Schmidt **erkannte** den Mann sofort. Er war ein

Kunde. Allerdings mochte er den Kunden nicht. Der Kunde hatte ihn einmal

bei den Ämtern **denunziert**, weil der Kunde meinte, sein Imbiss sei **dreckig**.

That day the temperature in the herbal sauna seemed to be especially high.

Mr. Schmidt had already been inside the sauna and was sweating on the

sauna bench when the door opened. A man came in. Mr. Schmidt recognised

the man immediately. It was a customer. However, he didn't like this

particular customer. Once the customer had denounced him to the authorities

because he thought the restaurant was dirty.

Auch der andere Mann erkannte Herrn Schmidt.

Der Mann lächelte: "Guten Abend Herr Schmidt, wie geht es Ihnen?"

"Alles in Ordnung, vielen Dank."

"Schwitzen reinigt den Körper", sagte der Mann.

The other man also recognized Mr. Schmidt.

The man smiled: "Good evening Mr. Schmidt, how are you?"

"Everything is well, thank you."

"Sweating cleans the body", said the man.

Herr Schmidt hatte genug für heute und verließ die Sauna. Er ging **duschen**.

Diesmal duschte Herr Schmidt lange, denn er ärgerte sich über den Mann.

Nach dem Duschen ging Herr Schmidt in die **Umkleidekabine**,

einen großen Raum mit vielen Schränken.

Mr. Schmidt had enough for the day and left the sauna. He went for a shower.

This time Mr. Schmidt took a long shower, because he had gotten annoyed by

the man. After the shower Mr. Schmidt went into the changing room, a large

room with lots of lockers

An einem Haken hingen **die Handtücher**. Herr Schmidt trocknete sich ab,

das Handtuch war nass, aber er fühlte sich jetzt besser. Langsam verließ Herr

Schmidt die Saunalandschaft. Draußen vor dem Ausgang, traf er den Kunde,

den er in der Sauna traf. Er stand vor der Tür.

The towels were hanging on a hook. Mr. Schmidt towelled himself, the towel

was wet, but he felt better now. Mr. Schmidt slowly exited the sauna area.

There outside the exit was the client he met in the sauna. He was standing

right on the door.

Der Mann schaute Herrn Schmidt an und lächelte: Entschuldigen Sie, Herr Schmidt, aber sie haben mein Handtuch **benutzt und mitgenommen!"**

Herr Schmidt schüttele den Kopf. "Nein, das glaube ich nicht."

"Schauen Sie bitte in ihre Tasche", sagte der Mann.

Herr Schmidt öffnete seine Tasche und zog das Handtuch heraus.

The man looked at Mr. Schmidt and smiled: "Excuse me, Mr. Schmidt, but you have used and taken my towel!"

Mr. Schmidt shook his head. "No, I don't think so."

"Please have a look in your bag." said the man.

Mr. Schmidt opened his bag and pulled the towel out.

Der andere Mann lächelte immer noch. "Schauen Sie hier, dort **in der Ecke** des Handtuches sind Buchstaben mit schwarzer Schrift markiert.

"A.H.", fragte Herr Schmidt.

"Das bin ich", sagte der Mann.

Herr Schmidt gab dem Mann sein Handtuch zurück. Danach ging er nie wieder in die Sauna.

The other man still smiled. "Look here, in the corner of the towel I have written some letters with a black marker.

"A.H." asked Mr. Schmidt.

"That's me." said the man.

Mr. Schmidt gave the towel back to the man. Afterwards he never went back to the sauna again.

Zusammenfassung

Herr Schmidt besucht eine Sauna und trifft dort einen Kunden. Herr Schmidt mag den Kunden nicht, weil dieser ihn vormals denunziert hatte. Unbewusst trocknet sich Herr Schmidt mit dem Handtuch des Kunden ab und nimmt das Handtuch mit, wird aber am Ausgang vom Kunden abgefangen und nach dem Handtuch befragt.

Vokabeln

der Geschäftsmann I *businessman*

der Imbiss I *small restaurant*

die Pommes I *chips / fries*

die Stammgäste I *regular guests*

mögen I *to like something*

der Feierabend I *after-work hours*

häufig I *frequent / frequently*

eigentlich I *actually*

eingerichtet I *furnished*

denunziert/ denunzieren I *to denounce someone*

besonders I *especially*

erkannte (erkennen) I *recognized*

ein Kunde I *a customer*

dreckig I *dirty*

alles in Ordnung" I *everything is okay*

duschen I *to shower*

die Handtücher I *towels*

draußen I *outside*

in der Ecke I *in the corner*

benutzt und mitgenommen I *used and took it*

2. Eine religiöse Familie

A religious family

Ingo und seine **Schwester** Stefanie leben in einer kleinen katholischen Stadt in Süddeutschland. Ingo ist zwölf Jahre alt, Stefanie ein Jahr jünger. Beide sind intelligente Kinder, und auch sehr modern. Sie lieben es im Internet **zu spielen,** und sind auch begeisterte Videospieler. Ihre Eltern sind beide **Pädagogen,** ihr Vater arbeitet im **Krankenhaus**, die Mutter ist **selbständig,** und hat eine kleine psychiatrische Praxis. Es ist **Weihnachtszeit**, aus den Geschäften und Supermärkten dröhnen schon **Weihnachtslieder**.

Ingo and his sister Stefanie are living in a little catholic town in South Germany. Ingo is twelve years old, Stefanie one year younger. They are both intelligent children and very modern too. They love to play on the internet and are passionate video gamers. Their parents are both educationists, their father works in the hospital and the mother is independent and has a small psychiatric office. It is Christmas time and Christmas songs are blasting out of the shops and supermarkets.

Obwohl konservativ **erzogen,** haben die Geschwister überhaupt **keine Lust** auf Weihnachten. In den letzten Jahren, wenn entfernte **Verwandte** zu Besuch

22

kamen, gab es häufig **Streit**. Letztes Wochenende, an einem katholischen Feiertag, kam ein Kollege des Vaters zu Besuch. Irgendwie kam es zu einer Auseinandersetzung. Anscheinend ging es um Kirchen oder Religion.

Although the siblings are conservatively educated they don't feel like Christmas. In the last few years, when distant relatives visited them, there were a lot of arguments. Last weekend, on a catholic holiday a colleague of their father came for a visit. Anyhow a dispute started. Seemingly it was about church or religion.

Die Geschwister fanden heraus, dass ihre Eltern **die Absicht** hatten, zur Weihnachtsmesse in die Kirche zu gehen. Eine ungewohnte Situation, denn normalerweise gehen die Eltern nie in die Kirche, außer eben Weihnachten. Die Mutter ist aber der **Meinung**, in einer kleinen Stadt wird viel geredet, man **passt** sich besser **an** und zeigt sich daher Weihnachten in der Kirche. Damit bezeugt man auch, dass man ein guter Mensch ist. Stefanie und Ingo sind da aber ganz anderer Meinung.

The siblings found out that their parents had the intention to go to the Christmas service in the church. An unfamiliar situation because usually the parents never go to church, except for Christmas though. However, their mothers' opinion is that in a little town there is a lot of tattling and it would

be better to adapt and to show up for Christmas at church. Stefanie and Ingo
think differently though.

Weihnachten möchten die Geschwister zu Hause bleiben. Am
Liebsten möchte Ingo an einem Live-Spiel im Internet teilnehmen,
und Stefanie hat Verpflichtungen auf Facebook. Es kommt zum Eklat, die
Eltern beschuldigten die Kinder **faul** zu sein und kein **Benehmen** zu haben.
Nach dem Streit beraten sich die Eltern. Was sollen sie tun? Die Mutter hat
eine Idee. Warum sich nicht mit anderen Psychiatern in der Praxis **treffen**,
und mit Kollegen darüber sprechen?

At Christmas the siblings want to stay at home. Ingo preferably wants to
participate in a live game on the internet and Stefanie has got some duties to
do on Facebook. A dispute arises; the parents blame the children for being
badly educated and not having any manners. After the discussion the parents
are counselling. What shall they do? The mother has an idea. Why shouldn't
they meet other psychiatrists at the office and talk about that with some
colleagues?

Die Eltern führen Telefonate und am Abend trifft sich eine kleine Gruppe von
Pädagogen und Psychiatern zum Meinungsaustausch in der Praxis. Ingo
und Stefanie sind überrascht, als ihre Eltern nach der Rückkehr vom Treffen

24

ihnen mitteilen, sie bräuchten Weihnachten nicht in die Kirche

gehen. Stefanie möchte wissen, warum die Eltern ihre Meinung geändert

haben. Die Mutter antwortet, die Kollegen hätten sie analysiert, und es hatte

sich herausgestellt, dass sie beide nur ein kleines bisschen krank sind, denn

ihre Eltern seien nur ein bisschen religiös, und Religion sei schließlich eine

Art von **Gehirnkrankheit**.

The parents have some telephone conservations and in the evening the small

group of pedagogues and psychiatrists meets for a change of views at the

office.

Ingo and Stefanie are surprised, as their parents return from the meeting and

explain that they don't have to go to church at Christmas. Stefanie wants to

know why the parents have changed their opinion. The mother answers that

the colleagues had analyzed them and it turned out that both parents were just

a little sick because they are just a little religious, and religion after all is a

type of brain disease

Zusammenfassung

Die Eltern sind Psychologen. Die Kinder möchten Weihnachten nicht in die Kirche. Es kommt zum Streit. Die Eltern beraten sich mit Psychiatern und finden heraus, dass sie beide nicht religiös sind. Die Kinder können Weihnachten zu Hause bleiben.

Vokabeln

die Schwester I *sister*

zu spielen I t*o play*

die Pädagogen I *educationalists*

das Krankenhaus I *hospital*

selbständig I *independent*

die Weihnachtszeit I *Christmas time*

die Weihnachtslieder I *Christmas songs*

der Heiligabend I *Christmas Eve*

die Verwandten I *relatives*

erzogen I *educated*

keine Lust I *don't feel like it*

der Streit I *argument*

die Meinung I opinion

die Geschwister I *siblings*

die Absicht I *intention*

sich anpassen I *to adapt*

das Benehmen I *manners*

sich herausgestellt I *it turned out that*

die Gehirnkrankheit I *brain disease*

3. Crowdfunding für eine neue Küche

Crowdfunding for a new kitchen

Melinda hatte schon seit Jahren vor, sich eine neue Küche **anzuschaffen**. Das Problem lag darin, dass sie noch bei ihren Eltern wohnte, genau genommen im **Dachgeschoss**.

Dort gab es eine kleine **Kochnische,** ähnlich wie in einem Hotel, ausgestattet mit Mikrowelle und Kaffeemaschine. Melinda hatte schon immer gerne in Kochbüchern **gestöbert**, auch hatte sie sich schon hunderte von Kochrezepten online heruntergeladen, und sie war auch eine gute Köchin.

For years, Melinda had been planning to acquire a new kitchen. The problem was that she was still living at her parents' home, strictly speaking in the attic. There was a little kitchenette, similar like in an old hotel, equipped with a microwave and a coffee machine. Melinda had always loved to rummage in cookbooks and had already downloaded hundreds of recipes online, and she was also a good cook.

Ihre Eltern hatten für moderne Küchen nicht viel übrig. Wozu auch? Zum Essen gab es immer Deutsche **Hausmannskost,** die wie üblich bestehend aus Kartoffeln, Bohnen, Wurst und groben Zutaten bestand.

Da Melinda schon Anfang dreißig war, **erwartete ihre Familie**, dass sie endlich einen festen deutschen Partner findet, heiratet und eine Familie gründet. Es gab nur ein Problem für Melinda.

Sie hatte keine Arbeit, und wie überall, Arbeitslosigkeit macht das Leben kompliziert.

Her parents weren't interested in modern kitchens. However, why? They always ate American plain meals that usually consisted of fries, beans, sausages and coarse ingredients.

Because Melinda was already thirty years old, her family did expect that she finally found a partner, married and founded a family. But there was a problem for Melinda. She didn't have work and unemployment makes life difficult, as everywhere.

Arbeit oder nicht, eine Küche musste her! Sechshundert Euro hatte sie gespart. Um die Ecke gab es einen großen **Baumarkt** der montags immer **Angebote** für Küchen hatte. Aber das war nicht alles. Baumärkte sind in Deutschland Plätze, wo man häufig Nachbarn und Freunde traf.

Am Montagmorgen stand Melinda vor dem **Haupteingang** und wartete.

With or without work, she needed that kitchen! She had saved six hundred dollars. Around the corner was a huge home center which always had discounts for kitchens on Mondays. But that wasn't all. Hardware stores, just like supermarkets, can be places where you can often meet neighbours and friends. On Monday morning Melinda stood in front of the main entrance and waited.

Und tatsächlich, nach schon zwanzig Minuten kam die erste Nachbarin. Melinda zögerte nicht. Sie sagte der älteren Dame, sie müsse unbedingt einen **Schnellkochtopf** kaufen, der alte sei gerade **kaputt gegangen**, und jetzt fehlen ihr noch dreißig Euro für einen neuen Topf. Nach einer weiteren Minute Unterhaltung gab die Dame ihr das Geld.
Es klappte wunderbar, Melinda traf noch ein halbes Dutzend **Nachbarn und Bekannte**, gegen Mittag hatte sie das Geld für die neue Küche zusammen.

Indeed, after twenty minutes the first neighbour came. Melinda didn't hesitate. She told the old woman that she urgently needed to buy a pressure cooker because the old one was broken and she needed thirty dollars for a new pot. After a while the woman gave her the money. It worked perfectly; Melinda met half a dozen neighbours and acquaintances, and by midday she had enough money for the new kitchen.

Zusammenfassung

Melinda wohnt noch bei ihren Eltern im Dachgeschoss und braucht eine neue
Küche. Da sie arbeitslos ist, hat sie kein Geld sich eine zu kaufen. Melinda
braucht Hilfe. Sie geht zum Baumarkt und sagt fremden Leuten, sie brauche
heute noch einen neuen Schnellkochtopf, und es fehlt nur noch ein bisschen
Geld. Viele Leute schenken ihr Geld.

Vokabeln

anzuschaffen / anschaffen I to acquire something

Dachgeschoss I attic

die Kochnische I kitchenette

gestöbert / stöbern I to rummage

Angebote I specials/discounts

Hausmannskost I plain meals

..erwartete ihre Familie I ..did her family expect

Arbeitslosigkeit I unemployment

Baumarkt I home center

Haupteingang I main entrance

Schnellkochtopf I pressure cooker

kaputtgegangen / kaputtgehen I to get broken / got broken

4. Die alte Trinkerin

The old drunk

Viele Leute im Dorf glaubten, Angela kommt aus Berlin, Deutschlands **Hauptstadt**. Die Leute sagten auch, sie spreche mit Akzent, und viele ältere Leute sagten sogar, sie komme wohl aus Rumänien.

The people in the village thought that Angela comes from Berlin, Germany's capital. The people also said that she was speaking with an accent, and many elderly people even said that she probably came from Romania.

Angela ging **regelmäßig** in ein China Restaurant zum Essen, dort erfuhr man, dass sie mit ihrer **erwachsenen Tochter lebt**, eine junge Frau die angeblich ab nächsten Sommer nach Berlin geht, um dort zu studieren.
Man weiß, Angela hatte auch einen Dachshund namens Max, mit den sie wohl mindestens einmal pro Tag **spazieren ging**. Sie hatte auch Geld, glaubten die meisten, aber arbeiten ging sie nicht. Angela hatte ein **offenes Geheimnis**, sie trank gerne Wein. Ein bis zwei Flaschen Rotwein am Tag, sie bevorzugte den Wein allein zu trinken.

Angela restaurant to eat and there everyone could hear that she lives with her grown up daughter, a young woman who allegedly goes to Berlin next

33

summer to study. It's also known that Angela owns a dachshund named Max,
with whom she takes a walk at least once a day. Most of the people thought
she also had money, but she didn't work. Angela had an open secret, she loved
drinking wine. One to two bottles of red wine per day and she preferred to
drink the wine alone.

Am frühen Nachmittag fing sie an zu trinken und bis abends trank sie weiter.
Besser als in Kneipen gehen und dort **den Ruf** zu verlieren, dachte sie.
Teilweise hatte sie ihren Ruf schon verloren, denn im lokalen Aldi
Supermarkt sah man sie regelmäßig **den Einkaufswagen** voll mit
Weinflaschen.
Was den ganzen Ort wirklich interessierte, war, was machte sie wirklich,
warum wollte sie alleine leben? Sie schien auch häufig länger verreist zu sein.

In the early afternoon , she began to drink and continued drinking until
evening started.
Better than going to the pub and losing her reputation there, she thought. She
partly had lost her reputation because in the local supermarket Aldi she could
regularly be seen with a shopping cart full of wine bottles.
What the people were interested in, was what kind of work she had, and why
she lives alone. Sometimes she also seemed to be making a journey.

Ein Tag vor Weihnachten hielt ein dunkler Wagen vor ihrem
Wohnhaus. Männer und Frauen in Uniform. War es die Polizei? Wir wussten
es nicht.

Interessanterweise, hielt ein paar Tage später wieder **ein Fahrzeug** vor
der Tür. Diesmal ein weißer Van. Angela hatte an diesen dunklen Wintertag
eine Sonnenbrille auf, und stieg **hastig** in das Fahrzeug, und der Wagen
entschwand.

Ein Nachbar behauptete das Fahrzeug hatte **ausländische Kennzeichen** mit
einer kleinen blau, weißer Fahne darauf.

*One day before Christmas a dark vehicle parked in front of her house. Men
and women in uniforms; was it the police? We didn't know.*

*Interestingly a few days later another vehicle parked in front of the door. This
time it was a white Van. Angela wore on this dark winter's day her sunglasses
and got hastily inside the vehicle and the car disappeared. A neighbour
claimed that the car had foreign plates with a tiny blue-white flag on it.*

Zusammenfassung

Angela lebt in einer Kleinstadt. Die Leute sagen, sie sei eine Trinkerin, denn sie kauft oft Alkohol. Eines Tages kommen Uniformierte, und kurze Zeit später wird sie von unbekannten Fremden abgeholt. Die Fremden scheinen einer ausländischen Organisation anzugehören

Vokabeln

die alte Trinkerin I *drunkard / old lush /drunk*

unbedeutende Stadt I *insignificant town*

regelmäßig I *regularly*

erwachsenen Tochter I *grown up daughter*

spazieren gehen I *taking a walk*

offenes Geheimnis I open secret

der Ruf I *reputation*

ein Fahrzeug I vehicle

der Einkaufswagen I *shopping cart*

hastig I *hurried / hastly*

ausländische Kennzeichen I *foreign plates*

5. Wie man einen Millionär auf einer Kreuzfahrt findet

How to find a millionaire on a cruise trip

Mein Name ist Birgit und morgen geht es los. Koffer packen sind kein Kinderspiel, und obwohl ich mich seit Wochen darauf **vorbereitet** habe, habe ich im Moment Probleme einen klaren Kopf zu behalten. Ich muss genau wissen, was ich **mitnehmen** muss und was zu Hause bleibt. Ich habe gerade gelesen, dass ich keine Flaschen und **Lebensmittel** mitnehmen darf.

My name is Birgit and it all begins tomorrow. Packing the luggage is no cakewalk and although I've been preparing for weeks, I currently have problems keeping a clear head. I need to know exactly what I have to prepare and what I have to leave at home. I have just read that I mustn't take any bottles or groceries with me. The cruise starts in Italy. There are no real cruises starting in Germany except on rivers such as the Danube or the Rhein, but they are exclusively for retirees.

Die Kreuzfahrt startet von Italien aus. Von Deutschland aus, gibt es keine richtigen Kreuzfahrten, außer auf Flüssen wie auf der Donau oder dem Rhein, die aber **ausschließlich** für Rentner sind. Meine Kreuzfahrt geht morgen Abend los.

37

Es ist ein riesiges Schiff, mit mehreren Schwimmbädern und vielen Restaurants. **Der Gedanke**, eine Schiffsreise als Urlaub zu buchen, kam mir, als ich neulich eine alte Freundin wieder traf. Sie hatte es schon über Facebook verbreitet, sie hatte endlich ihren **Traummann** gefunden.

The cruise starts in Italy. There are no real cruises starting in Germany except river cruises like they have on the Danube or Rhine, but they are exclusively for retirees.My vacation on a cruise ship begins tomorrow in the evening.

It's an enormous vessel with several swimming pools and lots of restaurants. The thought of booking a cruise for vacation came to my mind when I met an old friend. She had already spread the news on Facebook that she has finally found her dream man.

So schön kann das Leben sein. Zehn Jahre Online Dating und dann hat meine kleine **übergewichtige Freundin** tatsächlich einen Freund gefunden. Muss ein **reicher Kerl** sein, jetzt weiß ich, was so eine Kreuzfahrt kostet.

Über fünftausend Euro hat meine Reise gekostet, aber die Reise meiner Freundin muss noch teurer gewesen sein. Meine Gedanken wandern zwischen packen und schicken Männern, Cocktails und Hygieneartikel. Diesel sollte man lieber **reichlich dabeihaben.**

Tampons und Shampoos wiegen zum Glück nicht viel. Ich höre die Tür klingeln. Wer kann das jetzt sein, ich habe keine Zeit!

Life can be that beautiful. After ten years of online dating my overweight female friend has finally found a boyfriend. He must be a rich guy; now I know how much such a cruise trip costs.My trip had cost over five thousand Euros, but my friend's voyage must have been even more expensive. My thoughts are wandering between packing and posh guys, cocktails and toiletries. It's better to have plenty of them.
Tampons and shampoos fortunately don't weigh a lot. I hear the doorbell ringing. Who might that be, I have no time!

"Hallo Andrea! Welch **eine Überraschung**!"
"Hallo Birgit, ich wollte dich nur mal kurz grüßen bevor morgen du morgen deine Kreuzfahrt antrittst. Darf ich dir meinen **Verlobten** vorstellen. Hier, das ist Bobi aus Manila"
"Angenehm"
"Hi!"
"Spricht er auch Deutsch?"
"Nein, aber sehr gut Englisch. Er hat schließlich auf der Kreuzfahrt, wo ich ihn kennengelernt habe, gearbeitet. **Er war dort Kellner.** Er ist ein ganz fähiger Mann!"

"Hello, Andrea! What a surprise!"

"Hello Birgit, I just wanted to say a last hello before you'll start your cruise trip tomorrow. May I introduce you to my fiancé. This is Bobo from Manila."

"I'm pleased to meet you"

"Hi!"

"Does he speak English as well?"

"He speaks English very well. After all, he had worked on the cruise ship, where I met him. He was a waiter there. He is a quite capable man!"

Zusammenfassung

Birgit plant eine Kreuzfahrt. Sie hofft dort einen Mann kennenzulernen. Ihre Freundin war auch auf einer Kreuzfahrt und hat dort ihren Verlobten, einen Kellner kennengelernt.

Vokabeln

vorbereiten I *to prepare*

mitnehmen I *take / to take so/s.th.*

die Lebensmittel I *groceries*

ausschliesslich I *exclusively*

der Gedanke I *the thought*

übergewichtige Freundin I *overweight female friend*

ein reicher Kerl I a *rich guy*

eine Überraschung I *a surprise*

der/die Verlobte I *fiance*

er war dort Kellner I *he was a waiter there*

6. Der Grillabend

The barbecue evening

Thomas und Gisela haben Kinder die noch im Haus leben, **das Ehepaar** lebt
aber seit kurzem **getrennt**. Thomas hat zum Glück noch eine kleine
Wohnung in der Stadt und hat das Familienhaus Gisela und den Kindern
überlassen. Die Eltern von Gisela sind beide schon Ende siebzig und haben
am Wochenende **Silberhochzeit**.

*Thomas and Gisela have children who still live in their house, but the couple
has been separated for a short time. Fortunately, Thomas still has a little flat
in the city and has left the house to Gisela and the children. Giselas' parents
are both already close to eighty years and are celebrating their silver
wedding anniversary at the weekend.*

Es ist soweit ein herrlicher, warmer Sommer, und der Vater von Gisela, Heinz
hat eine Idee. Warum nicht einen schönen **Grillabend** im Garten von Thomas
veranstalten. Freunde, die Kinder und **Verwandte**, alle würden sie
kommen. Außerdem hat sich Heinz schon immer mit Thomas gut verstanden.
Beide sind schließlich **Jäger** im Jagdclub. Trennung oder nicht, es würde ein
guter Grill-Abend werden. Heinz ruft seine Tochter an, und erwartet eine
Zusage für das Wochenende. Es kostet Gisela viel **Überzeugung**, dass

ausgerechnet Thomas auf seinen eigenen Grundstück den Grillmeister spielen soll.

Thomas sagt zu.

A beautiful, warm summer and Giselas' father Heinz has an idea. Why shouldn't they arrange a barbecue evening in the garden of Thomas. Friends, the kids and relatives – all of them would come. Furthermore, Heinz has always liked Thomas. After all, they are both hunters in a hunting club. Break-up or not, it would be a great barbecue evening. Heinz calls his daughter and expects a promise for the weekend. It costs Gisela a lot of conviction that Thomas, of all people, should play the barbecue master in his own garden. Thomas agrees.

Samstagnachmittag ist es soweit. Der Grill wird zum Glühen gebracht, Würste und Schweinefleisch werden auf dem Grill gelegt, die Kinder spielen, die Erwachsenen trinken Bier und Musik dröhnt aus einer alten Stereoanlage. Heinz hilft Thomas am Grill, obwohl es ihm körperlich **schwer fällt.** Heute hat seine Brille vergessen. Plötzlich fällt Thomas ein, er hat noch ein **Geschenk** für Heinz.

Schnell läuft er zum Wagen und holt eine Schatulle, die er Heinz überreicht. Heinz staunt nicht schlecht, als er sein Geschenk aufmacht.

Ein großes **Jagdmesser** mit Horngriff!

Thomas erklärt, dies sei ein ganz **besonderes** Messer

der **Traditionsmarke** Puma aus Solingen. Ein Messer für **Sammler!**

Saturday in the afternoon it's time to start. The grill is heated, sausages and pork are placed on the grill, the children are playing and the adults are drinking beer and music is blasting out an old stereo. Heinz helps Thomas at the grill although it is physically difficult for him. He had forgotten his glasses. Suddenly it comes into Thomas' mind that he has a present for Heinz. He quickly runs to the car and gets a casket which he hands over to Heinz. Heinz is quite surprised when he opens his present. It's a big hunting knife with a horn handle!

Thomas explains that this was a very special knife by a traditional knifemaker of the brand Puma from Solingen. A knife for collectors!

Der schöne Abend geht zu Ende. Als Thomas gehen will, gibt Gisela ihm noch einen Kuss, und sagt ihm, sie möchte ihn morgen sprechen. Am Sonntag treffen sich Thomas und Gisela. Sie ist ihm immer noch sehr **dankbar** für den tollen Grillabend.

Beide haben eine Unterhaltung, Thomas sagt ihr, in der alten Beziehung war nicht alles schlecht. Gisela macht Thomas den **Vorschlag**, sie könnten wegen der Kinder wieder **zusammenleben.**

Tatsächlich zieht die Familie schon eine Woche später wieder zusammen. Thomas ist besonders glücklich, zumal das billige, gefälschte Messer vom **Markt** in Thailand wohl seine Wirkung nicht verfehlte.

The beautiful evening has come to an end. When Thomas is about to leave, Gisela gives him a kiss and says that she wants to talk to him the next day. On Sunday Thomas and Gisela meet again. She still feels very thankful for the splendid barbecue evening.

They have a conversation and Thomas tells her that during their relationship not everything has been bad. Gisela makes a proposal to Thomas; for the children they could live together again.

Indeed, after one week the family moves again together. Thomas is very happy, especially because the cheap fake knife from a market in Thailand didn't fail to make an impression.

Zusammenfassung

Thomas und Gisela haben sich getrennt. Wegen der Silberhochzeit ihrer Eltern veranstaltet sie einen Grillabend der ganzen Familie. Thomas schenkt Giselas Vater ein besonderes Jagdmesser. Gisela freut sich sehr, und zieht wieder mit Thomas zusammen. Das Jagdmesser hat Thomas im Urlaub in Thailand gekauft.

Vokabeln

das Ehepaar I *the couple*

getrennt I *separated*

überlassen I *to leave / surrender*

der Verwandte I *relatives*

der Grillabend I *barbeque evening*

der Jäger I *hunter*

die Zusage I *promise / acceptance*

die Überzeugung I *conviction*

schwerfallen I *s.th. is difficult to do*

das Geschenk I *gift / present*

das Jagtmesser I *hunting knife*

besonders I *special*

die Traditionsmarke I *traditional brand*

der Sammler I *collector*

dankbar I *thankful / grateful*

der Vorschlag I *proposal*

der Markt I *market*

German Short Stories for Advanced Beginners

7. Import & Export

Rolf ist **ein fünfzehnjähriger Junge**, der **in einer großen Wohnung** am Rande der Stadt lebt. **Aus seinem Zimmer** kann er vom Fenster auf eine grosse Autofirma blicken, die direkt hinter dem Wohnhaus liegt.

Rolf schaut oft aus dem Fenster und **beobachtet** das Treiben auf dem Parkplatz der Firma. Dort werden viele **Gebrauchtwagen** verkauft und geparkt.

Import Export heisst die Firma. Vielen dieser Autos sind **bessere Marken**. Rolf sieht besonders viele Amerikanische Modelle, die in Deutschland eher **ungewöhnlich** sind, wie zum Beispiel Cadillac und Lincoln. Die andere **Besonderheit** dieser Firma ist, es kommen viele Kunden von ausserhalb, besonders auch **viele Ausländer.**

Die Kunden scheinen aber selten Autos zu kaufen. Man sieht auch selten Kunden. Rolfs Vater kennst sich auch mit Autos aus, hört aber gerne auf **die Ratschläge** seines Sohnes.

Eines Tages ist es soweit. Der Vater von Rolf möchte sich ein Auto kaufen. Rolf **schlägt vor**, sich die Modelle auf dem Autohof zuerst anzuschauen. Sie gehen über die Straße, und **entdecken einen gebrauchten Van**. **Der Wagen gefällt Rolfs Vater**, und sie machen eine Probefahrt.

Als sie im Fahrzeug sitzen sieht Rolf etwas **Ungewöhnliches** am Boden. **Er hebt es auf**, und zeigt es dem Vater. Sie können es kaum glauben. Rolf hat eine **echte Patrone für ein Gewehr** gefunden. Dem Vater von Rolf ist der Fund sehr verdächtig. Er bringt den Wagen zurück, und geht danach zur Polizei. Am nächsten Tag, sind Rolf und sein Vater **erstaunt, als sie die Zeitung lesen**.

Die Polizei hatte eine **Razzia** gemacht, und dabei viele Waffen gefunden und **beschlagnahmt**. Es wird vermutet, dass die Firma **amerikanischen Autos zum schmuggeln von Waffen** benutzt hat.

Zusammenfassung

ein kleiner Junge kann von seinem Fenster aus einen Auto Handelsfirma beobachten. Dort werden viele Autos aus Amerika importiert. Eines Tages macht sein Vater einer Probefahrt beim Autohandel. Im Auto entdecken Sie Munition. Die Polizei findet heraus, dass die Autos aus Amerika zum Waffenschmuggel benutzt wurden.

Vokabeln

ein fünfzehnjähriger Junge - a fifteen year old boy

in einer großen Wohnung - in a large apartment

aus seinem Zimmer - from his room

Gebrauchtwagen - used car

bessere Marken - better brands

ungewöhnlich - unusual

Besonderheit - particularity

viele Ausländer - foreigners

die Ratschläge - advices

vorschlagen - to suggest

entdecken einen gebrauchten Van - discovered a used van

der Wagen gefällt Rolfs Vater - the car is liked by Rolf's father

er hebt es auf - he picks it up

Ungewöhnliches - something unusual

echte Patrone für ein Gewehr - a real cartridge

erstaunt, als sie die Zeitung lesen - amazed when they read the papers

beschlagnahmt - confiscated

amerikanischen Autos zum schmuggeln von Waffen - American cars to smuggle weapons

8. Der Besuch aus Amerika

A visit from America

Berta und Willi sind **Rentner**, sie kommen **ursprünglich** aus Hamburg,

verbringen aber die meiste Zeit in Bayern, ein Bundesland in Süddeutschland.

Schon vor vielen Jahren hatten sie sich in einem Dorf ein **Landhaus** gekauft.

Das Ehepaar kommt aus **einfachen Verhältnissen**. Willi

war früher **Busfahrer**, seine Ehefrau Berta hat früher in Supermärkten

gearbeitet. Beide sind nicht gebildet, wollen es auch nicht sein, aber sie

sind **glücklich**, denn beide sind gesund, und sie können sich ein schönes Haus

in Bayern leisten.

Eines Nachmittags klingelt die Tür.

Berta and Willi are pensioners, they are originally from Hamburg but they are

spending most of their time in Bavaria, a state in South Germany. For many

years, they had bought a country house in a village.

The couple comes from humble homes. Willi worked as a bus driver and his

wife Berta worked in a supermarket. Both of them are not intellectual, but

they also don't want to and are happy, because both of them are healthy and

they can afford a nice house in Bavaria. One afternoon the doorbell rings.

54

Willi öffnet die Tür und vor ihnen steht ein Mann mit zwei Kindern.

Unbekannte Menschen.

"Guten Tag, was kann ich für sie tun?"

Der Mann antwortet in einer **Sprache**, die er nicht versteht. Willi ruft seine Frau. Berta begrüßt die Leute, die alle enthusiastisch und erfreut durcheinander reden, ohne das Berta und Willi ein davon Wort verstehen.

"Ich glaube die sprechen Englisch", sagt Berta zu Willi.

Willi opens the door and in front of him stands a man with two children.
Strangers.
"Good day, how can I help you?" Willi asks.
The man answers in a language that he doesn't understand. Willi calls his wife. Berta greets the people who are talking enthusiastically but Berta and Willi don't understand a word.
"I think they are speaking English", Berta says.

Die fremden Kinder nicken, fast scheinen sie zu **jubeln**.

Plötzlich greift der fremde Mann in seiner Tasche und holt ein altes schwarz-weißes Foto raus. Er zeigt es Willi und Berta. Willi setzt sich eine Brille auf und **nickt freundlich**.

Die fremde Familie jubelt, die Kinder umarmen Willi.

Ohne zu **zögern**, stürmt die fremde Familie ins Haus. Sie reden laut in ihrer Sprache und scheinen sich sehr zu freuen. Der Mann zeigt auf eine Kuckucksuhr, und dann mit einem Finger auf seine Brust.

Berta lächelt. "So was hat er wohl auch."

The strange children nod and seem almost to cheer.

Suddenly the strange man grabs his bag and takes out a black and white photograph. He reveals it to Berta and Willi. Willi puts on his glasses and nods friendly.

The strange family cheers and the children are hugging Willi.

Without hesitation the strange family storms into the house. They are talking in their own language and seem to be more than happy. The man points at the cuckoo clock and then he points with his finger at his chest.

Berta smiles. "He seems to own the same."

Die Kinder gehen in die Küche und öffnen den Kühlschrank.

Berta und Willi folgen ihnen.

"**Seid ihr hungrig**", fragt Berta. "Wir haben heute Sauerkraut mit Wurst, ich mache euch das Essen warm"

Die Kinder **umarmen** Berta, der Fremde Mann schüttelt Willi die Hand. Am Tisch wird gegessen, gelacht, und plötzlich versteht Willi einige Wörter der Fremden.

56

Amerika, Großvater! Willi und Bertha nicken freundlich, die fremde Leute sprechen alle durcheinander.

The children go in the kitchen and open the fridge.
Berta and Willi follow them.
"Are you hungry" asks Berta. "Today we have sauerkraut with sausage. I'll warm it up for you."
The children hug Berta and the strange man shakes Willis' hand. At the table they eat and laugh and suddenly Willi understands a few words of the strangers.
"America, grandfather!" Willi and Berta are nodding friendly, the strangers speak all at once.

Plötzlich steht die fremde Familie auf, sie umarmen Berta und Willi. Zum Abschied überreicht der fremde Mann Willi das alte Foto. Wille nickt freundlich. Dann ist die Familie fort. Willi schaut nochmals auf das alte Foto, schüttelt den Kopf und sagt zu Berta: "Das muss der alte **Eigentümer** sein, als er noch jung war."
"Ja, aber **wer waren diese Leute** denn", fragt Berta.

All of a sudden the strange family stands up and hug Berta and Willi. On parting the strange man hands the photograph to Willi. Willi nods friendly.

Then the family is gone. Willi looks again at the picture and says to Berta:

"That might be the old proprietary when he was young."

"Yes, but who were these people?"

Zusammenfassung

Willi und seine Frau Berta sind Rentner und leben in einem Landhaus. Sie bekommen Besuch einer fremden Familie, die kein Deutsch spricht. Die Familie geht ins Haus und versuchen sich mit den Rentnern zu unterhalten. Die Fremden sind erfreut und aufgeregt. Nach dem Essen gehen sie wieder, Willi und Berta wissen nicht, wer sie waren.'

Vokabeln

Rentner I *pensioners / retirees*

ursprünglich I *originally*

Landhaus I *country house*

einfache Verhältnisse I *from humble homes*

der Busfahrer I *bus driver*

glücklich I *happy*

unbekannte I *unknown*

Sprache I *language*

jubel I to *cheer*

plötzlich I *suddenly*

zögern I *hesitate*

er nickt freundlich I *he nods gently*

seid ihr hungrig I *are you hungry?*

umarmen I *to embrace / hug*

Eigentümer I *proprietary / owner*

wer waren diese Leute? I *who were these people?*

9. Der Einsiedler

The hermit

Michael ist ein **Einsiedler**, sagen die Leute. Aber das ist nur **zum Teil richtig**.

Richtig ist, er lebt abgeschieden im Süden des Bundeslandes Sachsens, nahe der tschechischen **Grenze, außerhalb** eines Dorfes im Erzgebirge.
Ein Einsiedler ist meistens arm an **materiellen Gütern** und so ist es auch bei Michael. Keine elektrische Heizung, und genaugenommen auch keinen Strom. Den kann er sich aber gelegentlich zum Kochen besorgen, denn er hat einen Herd, und draußen vor seinem Haus, hat er einen Generator angeschlossen.

People say Michael is a hermit. But that's just partly true.
True is, he is living abandoned in the southern state of Saxony, near to the border of the Czech Republic outside of a village in the Erzgebirge mountains. An eremite is mostly poor in material goods and also applies to Michael. No electric radiator and strictly speaking not even electricity. But he can get some for cooking because he has a stove and in front of his house he has linked a generator.

Wasser gibt es reichlich, im hinteren Bereich seine **Behausung** fließt Wasser quasi vom Dach direkt an einer Wand herunter, und verschwindet im Boden. Ansonsten ist er eingerichtet. Ein großes Bett, kleine Schränke für die Nischen, eine selbstgebaute Camping Toilette, Stereoanlage, Farbfernseher, und für seinen Computer leistet er sich Internet mit Satelliten-**Anschluss.** Zum **Aufladen** seiner kleineren Geräte fährt er mit dem Fahrrad zum Nachbarn.

Einmal in der Woche fährt er mit dem Fahrrad ins 10 Kilometer entfernte Dorf, wo er im Supermarkt billig einkauft. Michael hat noch einen **Traum**, er möchte eine moderne Toilette, und noch wichtiger, ein richtiges, geschlossenes Panoramafenster.

There is enough water; in the back area of his dwelling water virtually flows off the roof and along the wall until it disappears on the floor. Otherwise he is well equipped. A big bed, little wardrobes, a handmade camping toilet, a stereo, a colour TV set and for his computer he treats himself with a satellite internet connection. For charging his smaller devices he goes by bike to his distant neighbours.

Once a week he drives with his bicycle to the village which is 10 kilometers apart, where he goes cheaply shopping in the supermarket. Michael has a dream, he wants to have a modern toilet and, even more important, a real, closed panorama window.

Das Problem ist, seine Behausung hat mehrere kleinere Eingänge und nach vorne hin einen riesigen, über fünf Meter breiten Eingang. **Der Eingang** bleibt eigentlich immer offen, denn es passt keine Tür rein, und Plastikfolie hilft nicht immer, wenn es draußen regnet und kalt ist.

Aber **der Blick** aus diesem riesigen Eingang ist fantastisch. Michael lebt umgeben von Bergen und Wald, und von hier aus kann er auf ein weites Tal und auf die **gegenüberliegenden** Bergen blicken. Der Blick inspiriert Michael. Er fühlt sich noch jung und möchte eines Tages Architekt werden. Wenn das nicht funktioniert, dann vielleicht **Schriftsteller**, oder Künstler.

The problem is, his dwelling has several smaller entrances and at the front a huge, over five metres wide entrance. The entrance is actually open most of the time because there is no door that fits and plastic foil doesn't help if it's cold and raining outside.

But the view out of this enormous entrance is fantastic. Michael lives surrounded by mountains and wood and from here he can look at a wide valley and at the opposite mountains. The view inspires Michael. He feels still young and one day he wants to become an architect. If this doesn't work, maybe a writer or artist.

Ein weiteres Problem ist, es passt keine Tür, kein Fenster in

die ungewöhnliche Form des riesigen Eingangs. Freunde haben ihn besucht,

aber die Situation erscheint auch ihnen extrem schwierig.

Sie sagen, da Michael in einer **Höhle**, wo vor zehntausend Jahren Bären und

Neandertaler lebten, sei es unmöglich dort ein Panoramafenster einbauen zu

lassen.

One more problem is that no door and no window are fitting into the unusual

form of this huge entrance. Friends have visited him but even for them the

situation seems quite difficult.

They say that it's impossible to install a panorama window there, for Michael

is living in a cave where ten thousand years ago bears and early humans used

to live.

Zusammenfassung

Michael lebt als Einsiedler und träumt, sich ein großes Panoramafenster einbauen zu lassen. Obwohl er in seiner Behausung leben kann, ist es schwierig. Es ist nicht möglich ein Panoramafenster einzubauen, wenn man in einer Höhle lebt.

Vokabeln

der Einsiedler I hermit

zum Teil richtig I partly true

die Grenze I border

außerhalb I outside of /out of town

materiellen Gütern I material goods / assets

die Behausung I dwelling

der Anschluss I connection

aufladen I charge

der Traum I dream

der Eingang I entrance

der Blick I view

gegenüberliegend I opposite

100 German short stories including audio:

If you liked the stories from this book, you will certainly love this complete collection. This book contains over 100 German short stories for beginners and intermediate level language students. All the stories come with a free downloadable audio file, available on all major book platforms

10. Der Schatz im Wald

The treasure in the woods

Jan Schulz ist ein romantischer Mensch. Obwohl er **damals** schon 18 Jahre alt war, interessierte er sich mehr an Fantasien aus **Geschichtsbüchern**, als an junge Mädchen, anders als seine Freunde oder **Klassenkamerade**n.
Wenn er nicht schlief oder mit Hausaufgaben
beschäftigt war, **döste** er im Wohnzimmer auf dem Sofa, und träumte davon eines Tages viel Geld zu haben. Einen nachmittags schlief er auf dem Sofa komplett ein. Er hatte **einen lebhaften Traum**.

Jan Schulz is a romantic person. Although he was already 18 years old at that time, he was more interested in history books than in young ladies, other than his friends and classmates.
When he didn't sleep or he wasn't busy with his homework he used to doze on the sofa and was dreaming of having lots of money one day. One afternoon he fell asleep on the couch. He had a lively dream.

Er träumte einen Schatz auf einer Insel gefunden zu haben. Als er eine alte **Truhe** fand, öffnete er sie, und eine kleine Wolke aus **Rauch** stieg daraus hervor. Der Rauch formte sich zum Mund, und eine alte **Stimme** sagte: "Steh auf, geh in den Wald, dort findest du eine Karte. Die Karte wird neben einer alten Pinien-Tanne begraben sein. Grabe ein Loch wo du Rauch aufsteigen siehst. Es ist Eine **Schatzkarte.** Du kannst reich werden, wenn du die Karte findest".

He dreamed of having found a treasure on an island. As he found the chest, he opened it and a little cloud of smoke came out. The smoke formed into a mouth and an old voice said: Get up, go to the forest, you'll find a map there. The map will be buried beneath an old pine tree. Dig a hole where you'll see some smoke fuming. It's a treasure map. You can become rich if you find the map.

Der Rauch näherte sich seinem **Gesicht**, Jan konnte plötzlich nicht mehr **atmen**, er glaubte zu ersticken.
Jan, erinnerte sich, heute ist Sonntag, es musste schon **nachmittags** sein. Draußen war es schon Herbst, Nebel lag über dem Land. Gleich hinter dem Haus beginnt ein Pfad, der direkt in den Wald führte. Er folgte den Pfand und keine hundert Meter gegangen, sah er die Pinien Tanne, und daneben stieg ein feiner, weißer Rauch gerade in den Himmel.

The smoke came closer to his face, all of a sudden Jan couldn't breathe anymore, and he thought he was choking.

Jan remembered that this day was Sunday and it must already have been
afternoon.

It was already autumn, fog raked over the landscape. Behind the house a path
began, which led directly to the forest. He followed the track and he didn't
even go one hundred metres, as he already saw the pine tree, he could see
fine, white smoke rising to the sky.

Jan **buddelte im Boden**, und fand ein kleines Rohr, **im Inneren** fand er eine
zusammengerollte **Schriftrolle**.
Es sah aus wie eine Buddhistische Karte oder Schriftrolle. Er rollte sie
zusammen und ging nach Hause.

Jan dug into the soil and found a little tube and inside he found a rolled-up
scroll.
It looked like a Buddhist map or a scroll. He rolled it up and went home.

Am folgenden Tag ging er gleich nach der Schule in ein Geschäft, das Gold
und Wertgegenstände kauft. Für die Karte gab es kein Geld. Jan ging nach
Hause, legte sich auf das Sofa und schlief ein. Er träumte, dass er nie wieder
Geld brauchte.
Als er aufwachte, blickte er lächelnd auf die Schatzkarte. Das Geld und der
Schatz waren nicht mehr wichtig.

The next day he went directly after school to a shop, where gold and other objects of value could be sold. He didn't get any money for the map. Jan went home, lied on the couch and fell asleep. He dreamed that he would never need any money. As he woke up he glanced smiling at the treasure map. The money and the treasure weren't important to him anymore.

Zusammenfassung

Jan ist ein verträumter junger Mann. Eines Tages, träumt er davon, dass er einen Schatz im Wald finden wird. Als wer aufwacht, versucht er den Schatz zu finden. Er findet im Wald eine Schriftrolle. Danach möchte er keinen Schatz mehr finden und auch nicht mehr reich sein.

Vokabeln

damals I *at that time*

Geschichtsbücher I *history books*

Klassen Kameraden I *classmates*

beschäftigen / beschäftigt I *to occupy so.*

dösen / döste I *to doze / dozed*

die Truhe I *chest / coffer*

einen lebhaften Traum I *a lively dream*

der Rauch I *to smoke*

die Stimme I *voice*

eine Schatzkarte I *a treasure map*

das Gesicht I *face*

atmen I *to breathe*

nachmittags I *afternoon*

buddelte im Boden I *digged into the soil*

71

Volume II

German Short Stories for Learners and Educators

11. München ist auch eine schöne Stadt

Yoshi ist Japaner und **hat Deutschland schon oft besucht**. Yoshi hat Deutsch in der Schule gelernt und liebt die Deutsche Kultur. Besonders **Sauberkeit und Ordnung** sind ihm wichtig. Aber Yoshi war noch nie in München. **In den Sommerferien** fliegt Yoshi nach München. Er besucht alle **Touristenattraktionen** und **findet** auch **das berühmte** Hofbräuhaus. Das Hofbräuhaus ist eines der bekanntestes Lokale für bayrisches Bier.

Es ist erst **gegen Mittag** als Yoshi das Lokal besucht. Das Lokal ist noch leer. **In einer Ecke** sieht er einen einzigen Gast, einen sehr alter Mann, der Bier trinkt. Yoshi **setzt sich neben den Mann** und **bestellt** ein Bier. Yoshi möchte mit den alten Mann sprechen. Yoshi lächelt.

"Entschuldigen Sie. **Mögen Sie Bier**", fragt Yoshi den alten Mann.
Der alte Mann lächelt müde. "**Selbstverständlich**. Ich bin ein richtig Bayer."
"München ist auch eine schöne Stadt", sagt Yoshi.
Der alte Mann schaut in sein Glas. "Früher war München eine schöne Stadt. Jetzt weiss ich es nicht."
"Ich komme aus Japan. Mein Name ist Yoshi."
Der alte Mann lächelt. "Leider darf ich ihnen meinen Namen nicht sagen"
"Ist das Hofbräuhaus ihr **Lieblingslokal**", fragt Yoshi.

"Ich kenne nur dieses Lokal", sagt der alte Mann.

Yoshi wundert sich. "**Darf ich fragen**, wie alt Sie sind"

"Ich werde bald hundert Jahre alt", antwortet der Mann.

"Sie sind fast einhundert Jahre alt und kennen nur dieses Lokal", fragt Yoshi.

"Nein."

"Leben Sie in München?

"**Ich habe ein Zimmer** hier im Hofbräuhaus."

"Ach so. Seit wann leben Sie hier?"

"Ich **verlasse** dieses Lokal nie", antwortet der Mann. "Ich lebe in diesem

Lokal **seit Ende der Feindseligkeiten** 1945."

Zusammenfassung

Der Japaner Yoshi besucht im Sommer Deutschland, und findet das

Hofbräuhaus, ein bekanntes Bier Lokal. Dort trifft er eine alten Mann. Es

stellt sich heraus, der alte Mann versteckt sich im Hofbräuhaus seit 1945.

Vokabeln und Redewendungen

hat Deutschland schon oft besucht - *has visited Germany often*

Sauberkeit und Ordnung - *cleanliness and order*

in den Sommerferien - *during the holidays*

Turistattraktionen - *tourist attractions*

das berühmte - *the famous*

gegen Mittag - *about noon*

in einer Ecke - *in a corner*

setzt sich neben den Mann

bestellen - *to order*

mögen Sie Bier - *do you like beer*

selbstverständlich - *of course*

Lieblingslokal - *favorite restaurant / bar*

darf ich fragen - *may I ask*

Ich habe ein Zimmer - *I have a room*

seit Ende der Feindseligkeiten - *since the end of hostilities*

12. Der Schrebergärtner

Deutschland ist bekannt für seine Schrebergärten. **Außerhalb der großen Städte** findet man Gebiete mit vielen kleine Gärten. In jedem Garten steht **eine kleine kleine Hütte.** Viele dieser Gärten bilden eine kleine Kolonie.

Diese Gärten und Hütten nennt man Schrebergärten.

Die meisten kann man kaufen. **Die Eigentümer sind meistens Rentner. Die Rentner freuen sich im Garten zu arbeiten.**

Einer dieser Schrebergärten gehört Wolfgang Meier, einen Rentner aus Hamburg. Außerhalb Hamburgs hat er sich einen Schrebergarten gekauft. In seinem Garten befindet sich **ein kleiner Teich.** Im Teich schwimmen kleine Goldfische. Herr Meier ist auch Angler. **Er kennt sich mit Fischen aus.** Herr Meier hat keine Familie und liebt seine Fische. **Jeden Fisch hat er einen Namen gegeben.**

Eines Tages besucht Herr Meier seinen Schrebergarten. Zwei Fische liegen an der Oberfläche. Die Fische sind tot. Später findet Herr Meier noch mehr tote Fische. Dafür gibt es keine **Erklärung.** Herr Meier ist sehr traurig. **Er entscheidet** sich den Schrebergarten zu verkaufen. Obwohl er eine Anzeige aufgibt, kauft keiner seinen Schrebergarten. Aber Herr Meier ist mit vielen **Nachbarn** befreundet. **Nach kurzer Zeit** verschenkt Herr Meier seinen Schrebergarten an einem Nachbarn.

Die Nachbarn **übernehmen** den Schrebergarten, und sind glücklich mit ihrem **Geschenk**. Schon nach kurzer Zeit befindet sich alles **im hervorragendem Zustand**. Der Garten **blüht,** und im Teich schwimmen viele Fische.

Ab und zu, kommt Herr Meier zu Besuch. Er möchte sehen, was sich in seinem alten Schrebergarten verändert hat. Der Schrebergarten sieht **sehr gepflegt** aus**,** und Herr Meier ist neidisch. Eines Tages liegen wieder tote Fische im Teich. Fast alle Fische sind tot.

Kurze Zeit später erhalten die Nachbarn und **Eigentümer** des Schrebergartens einen Brief von Herrn Meier. Im Brief steht, er, Herr Meier möchte den Schrebergarten **am Wochenende benutzen.** Wenn er den Schrebergarten am Wochenende benutzen darf, dann würde er, für ganz viele **gesunde Fische** im Teich garantieren.

Zusammenfassung

Ein Mann besitzt einen kleinen Garten mit einer Hütte, einen sogenannten Schrebergarten. Als einige Fische in seinem Teich sterben, verschenkt er den Schrebergarten an einen Nachbarn. Der Schrebergarten blüht, es leben viele Fische im Teich. Der Mann tötet viele Fische, und bietet den neuen Besitzer an, am Wochenende den Garten benutzen zu dürfen. Dafür würde er gesunde Fische garantieren.

Vokabeln und Redewendungen

Ausserhalb der grossen Städte - *outside of the larger cities*

eine kleine kleine Hütte - *a little hut*

diese Gärten und Hütten nennt man Schrebergarten

- these gardens and huts are called Schrebergarten

die Eigentümer sind meistens Rentner - *The owners are mostly pensioners*

ab und zu - **sometimes / once in a while**

die Rentner freuen sich im Garten zu arbeiten -

the pensioners are glad to work in the garden

ein kleiner Teich - *a little pond*

er kennt sich mit Fischen aus - *he knows about fish*

jeden Fisch hat er einen Namen gegeben - *he gave every fish a name*

die Erklärung - *explanation*

er entscheidet - *he decides*

die Nachbarn - *the neighbors*

nach kurzer Zeit - *after a short time*

übernehmen - *to take over*

das Geschenk - *gift*

im hervorragenden Zustand - *in excellent condition*

die Eigentümer - *owner / proprietor*

blühen - *prosper*

sehr gepflegt - *well maintained*

gesunde Fische - *healthy fish*

13. Der Käse stinkt von allen Seiten

Harald Johnson hatte **sich verliebt.** Seit einigen Wochen hatte er eine neue Freundin. Seine neue Freundin war eine Frau, die **auf dem Markt arbeitete** und **nachmittag**s in die Bibliothek ging.

Herr Johnson war seit einem Jahr Rentner. Er hatte viel **Freizeit**, und wenn er nicht in der Bibliothek Bücher las, ging er in die Geschäfte, hauptsächlich aus Langeweile. In der kleinen **Stadtbibliothek**, sass seit Wochen **eine Dame seines Alters** und las Bücher. Mit der Zeit kamen sie ins **Gespräch.**

Die Dame sagte, sie arbeitet morgens in einem **Käsegeschäft** auf dem Markt. Wenn der Markt nachmittags geschlossen war, ging sie zur **Erholung** in die Bibliothek. Beide hatten ein Hobby. Sie lasen beide klassische Literatur und **Kochbücher**. Herr Johnson **besuchte sie** nie auf dem Markt, aber nach einigen Stunden in der Bibliothek gingen sie manchmal einen Kaffee trinken.

Eines Tages lud Herr Johnson die Dame zu sich nach Hause ein. Er wollte für sie kochen. Herr Johnson war ein guter Hobbykoch. Sie trafen sich mehrmals bei Herrn Johnson und nach einigen Wochen wurden sie schließlich **ein Paar.**

Allerdings war **die Beziehung** nicht ohne Probleme. Herr Johnson mochte den **Geruch** der Dame nicht. **Er sagte ihr ganz offen, dass sie nach Käse riecht.** Deshalb mochte er sie auch nicht mehr nach Hause einladen. Herr Johnson glaubte, jedes Mal nachdem die Dame ihn besucht hatte, roch sein **Schlafzimmer** nach Käse.

Als eines Tages Herr Johnson ihr wieder sagte, sie riecht nach Käse, **wurde sie böse.** Sie sagte ihm, sie arbeitet in Wirklichkeit nicht auf dem Markt. Sie sagte, sie sei **in Wirklichkeit arbeitslos.** Herr Johnson sagte, in Wirklichkeit ist er auch kein Rentner.

"Aber was ist denn dein wirklicher Beruf", fragte Herr Johnson die Dame.
"**Ich mache Fussmassagen**", sagte sie.
"Und was machst du, wenn du nicht in der Bibliothek bist", wollte die Dame wissen.
"**Ich arbeite auf dem Bauernhof im Schweinestall.** Aber zum Glück nur morgens".

Zusammenfassung

Ein älteres Paar haben sich in der Bibliothek kennengelernt. Die Frau sagt, sie verkauft Käse, der Mann sagt, er ist Rentner. Der Mann beschwert sich über ihren Geruch, weil er glaubt, das kommt vom Käse. Sie streiten sich. Am Ende erzählen sie sich ihren wirklichen Beruf.

Vokabeln und Redewendungen

sich verlieben - *to fall in love*

auf dem Markt arbeiten - *to work at the market*

nachmittags - *afternoon*

die Freizeit - *spare time / free time*

die Stadtbibliothek - *municipal library*

eine Dame seines Alters - *lady /woman of his age* **das Gespräch** - *conversation*

ein Käsegeschäft - *a cheese shop*

Erholung - *recreation*

Kochbücher - *cooking books*

besuchte sie - *visited her*

ein Paar - *couple*

die Beziehung - *relationship*

der Geruch - *smell*

das Schlafzimmer - *bedroom*

eines Tages lud Herr Johnson die Dame zu sich nach Hause ein -
One day Herr Johnson invited the lady to his house

ich mache Fuss Massagen - *I do foot massage*

ich arbeite auf dem Bauernhof im Schweinestall -
I work in a farmhouse, in a pig stall

14. Der Flüchtling aus Fernost

Es ist Sonntag und Sommer und in ganz Deutschland ist es warm. **Auf dem Lande** sind **die Wiesen** grün, das Licht ist klar und die Luft ist rein. Auf einer **Hauptstrasse** sieht man Autos und einige **Lastwagen** fahren. Auf den **Fahrradwege**n neben der Strasse, fahren Familien mit dem Fahrrad um sich **zu erholen.**

Auf dem Lande ist es ruhig, es ist **ein friedliches und reiches Land.**

Etwas passt nicht in diese schöne Szene. **Am Rande** der Straße sieht man eine Gruppe **Wanderer.** Viele tragen **Gepäck**, die meisten sind junge Männer. Viele Radfahrer halten an und lassen die Männer passieren. Die jungen Menschen gehen in kleinen Gruppen. Die meisten Menschen der Gruppe **schweigen** und ignorieren die Fahrrad- und Autofahrer. Es sind Flüchtlinge. Die meisten kommen aus Syrien, andere aus Nordafrika. Viele sind **seit Jahren unterwegs**. Viele sind apathisch.

Es sind Menschen, die **vom Krieg geflüchtet** sind. Als einer der Gruppen abends in einem Dorf anhält, nähern sich einzelne Deutsche und **bringen ihnen Essen und Decken.** Auf einer großen Wiese machen sich die Gruppen fertig für die Nacht.

Am Rande der Wiese sieht man **ein großes Zelt** vom Roten Kreuz. Neben dem Zelt steht ein Mann in dunkler Uniform. Er ist **ein Beamter**. Seine Aufgabe ist es, die Flüchtlinge zu registrieren.

Ein älterer Mann, ein Flüchtling nähert sich dem Beamten.

"Guten Abend", sagt der Beamte. "Wie kann ich Ihnen helfen?"

"Ich spreche Deutsch", antwortet der Fremde. Der Beamte nickt. "Das ist gut. Wo haben Sie Deutsch gelernt?"

"Ich bin Deutscher. **Ich habe aber keinen Reisepass.**"

"Wie kommt das? Was machen Sie hier?"

"Ich komme aus dem **Ausland**", sagt der Mann schüchtern.

"Jetzt bin ich **neugierig** geworden", sagt der Beamte.

"Warum gehen Sie zusammen mit den Flüchtlingen?"

"Ich bin seit zwei Jahren unterwegs. Über Indien und Pakistan bin ich **zu Fuss unterwegs.** In der Türkei habe ich mich den Flüchtlingen angeschlossen."

Der Beamte schüttelt den Kopf. "Das glaube ich Ihnen nicht."

"Es ist wahr. Ich reise seit langer Zeit zu Fuß. Mir ist in Thailand das Geld ausgegangen. Ich habe dort zuviel **gefeiert** und die Botschaft hat mir nicht geholfen."

Der Beamte lächelte: "Ich werde Ihnen auch nicht helfen, aber Willkommen in Deutschland."

Zusammenfassung

In einem Dorf gibt es viele Flüchtlinge. Die Menschen sind vor dem Krieg geflohen. Unter den Flüchtlingen befindet sich ein Deutscher ohne Geld. Er bittet einen Beamten um Hilfe. Er bekommt keine Hilfe. Es stellt sich heraus, der Mann ist schon zwei Jahre zu Fuss von Thailand nach Deutschland gewandert, denn dort ist ihm das Geld ausgegangen

Vokabeln

auf dem Lande - *countryside*

der Lastwagen - *the truck / lorry*

die Hauptstrasse - *the main road*

die Fahrradwege - *bicycle tracks*

zu erholen - *to regenerate*

am Rande - *at the fringe / outside*

das Gepäck - *luggage*

schweigen - *silence*

seit Jahren unterwegs - *traveling / wandering for* years

vom Krieg geflüchtet - *escaped war*

bringen ihnen Essen und Decken - *bring them food* and blankets ein grosses Zelt - *a large tent*

ein Beamter - *an official*

älterer Mann - *elderly man*

Ich habe aber keinen Reisepass - *I don't have a* passport

das Ausland - *foreign country*

neugierig - *curious*

zu Fuss unterwegs - *walked on foot*

15. Eine endgültige Abmahnung

In Deutschland müssen alle Bürger **bei einer Behörde gemeldet** sein. Die erste Aufgabe der **Behörde** ist es, dass alle Daten der Bürger dort **gespeichert** werden. Die Behörde darf die Daten auch **verkaufen**. **Die besten Klienten** sind häufig Rechtsanwälte.

Herr Schmidt ist **Rechtsanwalt.** In Deutschland gibt es Leute die illegale Musik oder Filme im Internet **runterladen.** Ein Rechtsanwalt kann **herausfinden,** wer das war. Dann bekommen die Leute einen Brief. Der Rechtsanwalt fordert Geld, oder er wird die Leute vor Gericht **verklagen.** **Dieser Brief hat einen Namen.** In Deutschland heisst so ein Brief Abmahnung.

Die meisten Leute zahlen den Rechtsanwalt. Herrn Schmidt sind die **Umstände der Fälle** egal. Herr Schmidt glaubt, er hat das Recht auf seiner Seite und Abmahnungen sind ein gutes Geschäft.

Herr Schmidt hat mit seinen Methoden Karriere gemacht. Mit der Zeit beschäftigt er mehrere Angestellte und kooperiert mit anderen Rechtsanwälten. Zusammen haben sie eine **Kanzlei** für Abmahnungen.

Die meisten Deutschen haben ein spezifisches Hobby. Herr Schmidt hat auch ein Hobby. **Er liebt Luxus Autos und Segelboote.** Auf Internet Forums schreibt Herr Schmidt Artikel über Luxusautos und Oldtimer. Sein letzter Artikel lautet:

Die Jagd nach Luxusautos.

Eines Morgens kommt Herr Schmidt aus dem Haus und geht zu seinem Auto. Vor seinem Auto steht ein fremder Mann. In seiner Hand hält er eine **Stadtkarte.** Der Mann fragt Herrn Schmidt nach einer Straße. Herr Schmidt schaut auf die Karte.

Plötzlich zieht der Mann eine Pistole und schießt. **Der unbekannte Mann läuft davon.** Herr Schmidt wurde **erschossen.**

Später findet die Polizei ein Blatt Papier auf dem Fenster seines Autos. Auf dem Papier steht. "Mein Hobby die Abmahnmafia"

Zusammenfassung

Ein Rechtsanwalt schickt landesweit Briefe an Menschen, die angeblich illegal Musik aus dem Internet herunterladen. Die Briefe sind sogenannte Abmahnungen. Der Rechtsanwalt wird durch die Abmahnungen reich. Eines Tages wird zum Hobby eines Unbekannten.

Vokabeln

bei einer Behörde gemeldet sein - *registered with a ministry*

verkaufen - *to sell*

die besten Klienten - *the best clients*

der Rechtsanwalt - *attorney at law / lawyer*

herunterladen - *to download*

herausfinden - *to find out*

verklagen - *to sue*

dieser Brief hat einen Namen - *this letter has a name*

die Umstände der Fälle - *the circumstance of cases*

Herr Schmidt hat mit seinen Methoden Karriere gemacht - *Herr Schmidt had made a career of his methods*

die Kanzlei - *chancellery / joint business*

er liebt Luxusautos und Segelboote - *he loves luxury cars and sailing boats* die Jagd - *the hunt*

die Stadtkarte - *city map*

der unbekannte Mann läuft davon - *the unknown man runs away*

er wurde erschossen - *he got shot*

16. Studententreffen

Die Studenten kamen von überall. Von Kolumbien bis Schottland; es gab kaum eine Nation, die nicht durch einen Studenten an der bekannten Humboldt Universität in Berlin **vertreten** war. **Eine grosse Anzahl** von Fakultäten war über die ganze Stadt **verteilt.**

Abends traf sich in einem Berliner **Vorort** eine große Anzahl ausländischer Studenten **auf einer großen Wiese,** direkt **gegenüber** der wissenschaftlichen Fakultäten am Adlershof.

Am heutigen Abend wurde **ein internationales Kochfest** inszeniert. In einem großen Zelt standen viele Tische mit **Zutaten** aus allen Länder.

Studenten aus aller Welt kochten nationale Gerichte und **verkauften sie an Einheimische.**

Die Studenten standen in Gruppen, einige trugen traditionelle Kleidung aus ihrer Heimat, um ihre **Herkunft** zu zeigen. Der ganze Platz roch nach Essen und **exotischen Gewürzen.**

Professor Meier, ein angesehener Physik Professor **beobachtete gespannt das Geschehen**. Lächelnd ging er von Tisch zu Tisch und nickte den Studenten freundlich zu.

Am Ende des Zeltes kochten viele Studenten, die aus Asien stammen. Viele **Düfte** kamen von **einem Stand** der Inder. Professor Meier kannte indische Gerichte. Indisches Masala hatte er mal auf einem **Straßenfest** kennengelernt.

Professor Meier erreichte eine Gruppe, die **ganz anders** als der Rest erschien.

Die jungen Männer trugen schwarze **Kleidung** und **einen eckigen Bart**.

Ein **riesiger schwarzer Topf** hing an einer Kette über einem offenen Feuer. Der Professor näherte sich der Gruppe.

"Guten Abend, Sprechen Sie Deutsch?"
"Ja natürlich", antwortete der Student
"Darf ich fragen, was Sie im Topf haben", fragte Professor Meier.
"Nur Wasser", sagte der Fremde.
"Nur Wasser? Werde sie denn heute abend gar nicht kochen?"
"Doch sicher" antwortete der fremde Mann und lächelt höflich.

"Nun, jetzt bin ich aber neugierig geworden", lächelte der Professor zurück und wollte mehr wissen. "Bitte verraten Sie es mir. **Was wird hier gekocht?**" "Na gut, ich sage Ihnen **die Wahrheit**. Wir **haben eine Rechnung mit einem Landsmann offen**. Wenn das Wasser kocht, werden wir den Mann **reinwerfen** und exekutieren."

Zusammenfassung

Auf einem internationalen Kochfest treffen sich Studenten aus aller Welt und kochen nationale Gerichte. Eine Gruppe aus dem Nahen Osten benutzt das Fest, um einen Mord an einen Landsmann vorzubereiten.

die Studenten kamen von überall - *the students came from everywhere*

vertreten - to *represent*

eine grosse Anzahl - *a large number*

verteilen / verteilt - *to distribute / distributed*

Vorort - *suburb*

auf einer großen Wiese - *at a large field*

gegenüber - *across*

ein internationales Kochfest - *an international* cooking festival

Zutaten - *ingredients*

Herkunft - *origin*

verkauften an Einheimische - *selling to the natives*

exotischen Gewürzen - exotic spices

..beobachtete gespannt das Geschehen - *..observed the happening with anticipation*

Duft / Düfte - *aroma*

der Stand - *stand / table*

Straßenfest - *street festival*

ganz anders - *totally different*

Kleidung - *clothings*

riesigen, schwarzen Topf - *huge, black pot*

Was wird hier gekocht? - *what's cooking here?*

die Wahrheit - *truth*

haben eine Rechnung mit einen Landsmann offen - (synonym) *having an unpaid bill with a fellow countryman / having a beef with s.o.*

einwerfen / reinwerfen - *to throw in*

17. Aupair in England

Die Eltern von Nicole **meinten es gut mit ihrer Tochter**. Sie wollten ihre Tochter als Aupair **nach England schicken**. Eine Agentur organisierte **die Unterbringung** bei einer englischen Familie. Der Grund, dass Nicole **mitmachen** sollte, war, ihr Englisch zu verbessern.

Die Agentur hatte **viel Geld verlangt.** Aber die Eltern von Nicole zahlten die Reise gerne, denn **die Ausbildung der Tochter war das Wichtigste!** Die Reise war schon lange geplant, und Nicole freute sich schon sehr. Ihre Eltern sprachen kein Englisch und wollten, dass Nicole perfektes Englisch lernt.

Die Gastfamilie war eine Familie, wo Nicole für einige Wochen wohnen sollte. Im **Vertrag** mit der Agentur stand auch, dass sie andere Aupair Mädchen treffen würde. Im August war es soweit. **Die Eltern begleiteten Nicole bis zum Flughafen.** Weinend **verabschiedeten** sich die Eltern von ihrer Tochter.

Einen Monat verblieb Nicole bei der fremden Familie. Sie durfte nicht telefonieren und im Haus gab es kein Internet. Deshalb ging Nicole oft **zur Post**, um ihren Eltern eine Postkarte zu schicken. Die Eltern waren sehr besorgt. Nur ein Brief erreichte die Eltern, **bevor Nicole zurück nach**

Deutschland flog. Die Eltern freuten sich sehr ihre Tochter wiederzusehen. Natürlich wollten die Eltern wissen, **ob Nicole jetzt gut Englisch sprach**.

Die Tochter erklärte es ihnen. "Nein, Englisch habe ich nicht gelernt. Die Gastfamilie hat mehr Hindu als Englisch gesprochen. Das waren Einwanderer aus Indien."
"Das heisst, die ganze Reise war umsonst", fragte die Mutter. "Nein **überhaupt nicht**", antwortete die Tochter. Aber ich weiss jetzt was Masala Fisch ist."

Zusammenfassung

Ein junges Mädchen wird von ihren Eltern nach England geschickt, um dort bei einer Familie als Aupair zu arbeiten und Englisch zu lernen. Als sie zurückkommt, hat sie kein Wort Englisch gelernt, aber indische Gerichte kennengelernt. Die Gastfamilie sind Einwanderer aus Indien.

Vokabeln

meinten es gut mit ihrer Tochter - *meant well for their daughter*
nach England schicken - *to send to England*
die Unterbringung - *accommodation*
viel Geld verlangt - *demanded a lot of money*
die Ausbildung der Tochter war das Wichtigste -
the education of the daughter was most important
die Gasfamilie - *host family*
der Vertrag - *the contract*
die Eltern begleiteten Nicole bis zum Flughafen -
the parents accompanied her to the airport
verabschieden - *(to say) goodbye*
die Post - *post office*
bevor Nicole zurück nach Deutschland flog -
before Nicole went back to Germany
ob Nicole jetzt gut Englisch sprach -
if Nicole spoke English by now
überhaupt nicht - *not at all*

18. Der Kunsthändler

Früher war Werner Schulz Schauspieler im Theater. In Berlin war er **relativ bekannt,** er hatte es sogar geschafft eine **wichtige Rolle für eine Fernsehserie** zu bekommen, wo er einen **glaubwürdigen** Kriminellen spielte. Herr Schultz war angeblich nie **unvermögend** und hatte sich schon immer für **Kunst und Antiquitäten** interessiert.

Jetzt war er über fünfzig, und die Rollen beim Film und Theater wurden weniger. Allerdings hatte sich Herr Schulz schon in **seiner Zeit als Schauspieler** auch einen Namen als Künstler für **Gemälde** gemacht. Man kann sagen, Herr Schulz war ein richtiger **Künstler** und auch Kunstliebhaber, denn er hatte ein grosses **Fachwissen,** insbesondere für antike Gemälde. Mit Impressionisten des 19. Jahrhunderts kannte er sich gut aus.

Nach all den Jahren als Künstler, Schauspieler und Experte für Gemälden, war Herr Schulz auch in den Antiquitäten Geschäften und Galerien **ein gern gesehener Mann.** Herr Schulz kaufte viele Gemälde und Antiquitäten in den **Geschäften und Kunstgalerien.** Aber noch größer war sein Ruf als guter **Einlieferer.** Die Qualität seiner Gemälde und **Ware,** die er zum Verkauf anbot, war erstklassig. Eines Tages konnte man in der Zeitung lesen, dass der bekannte Kunsthändler und Schauspieler Werner Schulz gestorben war.

Keiner wusste, woran er starb. Herr Schultz hatte keine Verwandte, deshalb suchten die Journalisten nach Freunden und Verwandten. **Vor kurzer Zeit wurden die Journalisten fündig.** Herr Schulz war **ein entfernter Verwandter** von Hermann Göring.

Zusammenfassung

Ein Schauspieler sammelt Kunst und Antiquitäten. Er ist sehr beliebt, und liefert viel Ware in Geschäfte und Auktionshäuser ein. Nach dem Tod des Mannes, stellt sich heraus, dass er ein Verwandter Hermann Görings war.

Vokabeln

relativ bekannt - *relatively known*
wichtige Rolle für eine Fernsehserie - *important role in a TV series*
glaubwürdig - *authentic*
unvermögend - *unfunded*
Kunst und Antiquitäten - *art and antiquities*
seine Zeit als Schauspieler - *his time as an actor*
Gemälde - *painting*
Künstler - *artist*

Fachwissen - *expert knowledge*

gern gesehener Mann - *a popular man*

Geschäften und Kunstgalerien - *business and art galleries*

die Ware - *merchandise*

keiner wusste, woran er starb - *nobody knew the reason for his death*

vor kurzer Zeit wurden die Journalisten fündig - *recently the journalists found out*

ein entfernter Verwandter - *a distant relative*

19. Der Club

Diana kommt **ursprünglich** aus London, lebt aber seit fast einem Jahr in Spanien, nahe der Stadt Marbella. **Sie vermietet ein Teil ihrer Eigentumswohnung** und verdient zusätzlich noch Geld durch ihr Online Geschäft.

Sie veröffentlicht Selbsthilfe Bücher online Diana fühlt sich in Spanien sehr wohl, **das Einzige was fehlt,** sind soziale Kontakte. Freundschaften und Kontakte sind als **Ausländer** in Spanien nicht einfach zu finden, denn die meisten Ausländer kommen **aus unterschiedlichen Ländern.**

Diana hat eine Idee. Warum nicht einen kleinen Club gründen? Einen neuen Club, der aus Leuten mit den gleichen Interessen besteht. **Sie schaltet eine Anzeige** in einem bekannten Internetportal für Expatriaten. "Künstler und Buchautoren treffen sich für gegenseitige Bewertungen".

Am folgenden Sonntag treffen sich tatsächlich mehrere Ausländer aus verschiedenen Länder in einem Lokal. Die Leute sind sich sympathisch und alle Teilnehmer sprechen über ihre Bücher. **Die meisten von ihnen veröffentlichen ihre** Bücher **selbst** online.

Die Gruppe vereinbart ein System. Per E-mail wird allen Mitgliedern das neue Buch zugesandt. Nachdem jedes **Mitglied** das neue Buch gekauft hat, wird eine positive Bewertung online veröffentlicht. **Schon nach wenigen Wochen** wird **der Club** zum vollen Erfolg.

Eines Tages erhält Diana eine E-mail eines neues Mitgliedes, der gerade ein neues Buch herausgebracht hat. Diana staunt, als sie den Titel des Buches liest: "**Das verdorbene Geschäft mit gefälschten Bewertungen**

Zusammenfassung

Diana lebt in Spanien und sucht soziale Kontakte. Sie gründet einen Club wo sich Künstler und Autoren treffen. Die Künstler tauschen sich gute Bewertungen aus. Ein Mitglied veröffentlicht ein Buch, dass die gefälschten Bewertungen detailliert beschreibt.

Vokabeln

ursprünglich - *originally*

sie vermietet ein Teil ihrer Eigentumswohnung - *she rented a part of her apartment*

sie veröffentlicht Selbsthilfebücher - *she published self help books*

das Einzige was fehlt - *the only thing missing*

Ausländer - *foreigner*

sie schaltet eine Anzeige - *she paid an advert*

am folgenden Sonntag - *the following Sunday*

die Gruppe vereinbart ein System - *the group agreed to a system*

das Mitglied - *member*

eines Tages erhält Diana eine Email eines neues Mitlgiedes - *one day Diana received an email of a new member*

das verdorbene Geschäft mit gefälschten Buchrezensionen - *the rotten business with faked book reviews*

20. Ein Michelin Stern ist nicht genug

Die zwei Brüder Anton und Michael sind **gelernte Gastronomen**, ausgebildet an einer **Fachschule** in der Schweiz. Beide habe schon in bekannten französischen Restaurants gearbeitet und sich **einen guten Ruf erworben.**

Vor zehn Jahren eröffneten sie ihr eigenes Restaurant in Berlin. Es **dauerte** nur wenige Jahre, bis das Restaurant **tatsächlich** mit dem ersten Michelin Star ausgezeichnet wurde. Finanziell wurde das Restaurant zum grossen **Erfolg** und **ein zweiter Stern folgte nur zwei Jahre später.**

Letztes Jahr eröffneten die Brüder ein zweites Restaurant in einen anderen **Stadtteil.** Dann kam der grosse Schock. Eines Tages, erfuhren die Brüder, dass sie nur noch **einen Michelin Star für das erste Restaurant** erhielten.

Ein Freund, der für einen **Verlag** arbeitet, verriet den Brüdern, dass sie einen Stern weniger bekamen, **weil sie ihre Suppe in Plastikbeutel** von einem Restaurant zum anderen trugen.

Die Brüder waren **sehr verärgert.** In einer lokalen Radioshow beschwerten sich die Brüder über **die Bewerter.**

Danach folgten viele Anrufe. **Der Grund der Anrufe war eine Überraschung.** Viele Kunden riefen im Restaurant an und wollten **Suppe zum Mitnehmen** kaufen. Es folgten immer mehr tägliche **Anfragen** nach Suppen.

Durch die Radioshow kamen immer **mehr Gäste. Jeden Abend** wurde mehr Suppe zum Mitnehmen verkauft. **Der Umsatz stieg** enorm.

Schließlich planten die Brüder ein drittes Restaurant. Diesmal Suppen mit Lieferservice

Zusammenfassung

Zwei Brüder haben mehrere Restaurant. eröffnet. Sie haben bereits zwei Michelin Sterne. Weil sie die Suppen in Plastikbeutel von einem Restaurant zum anderen transportieren, wird ihnen ein Stern abgezogen. Viele Gäste erfahren davon und kaufen Suppe zum Mitnehmen.

Vokabeln und Redewendungen

gelernte Gastronomen - *professional restaurateurs / gastronoms*

die Fachschule - *technical college / specialized school*

einen guten Ruf erworben - *gain a good reputation*

vor zehn Jahren eröffneten sie ihr eigenes Restaurant - *ten years ago they opened their own restaurant*

es dauerte - *it lasted*

tatsächlich - *actually*

der Erfolg - *success*

einen Michelin Stern für das erste Restaurant - *a Michelin star for the first restaurant*

der Verlag - *publisher*

ihre Suppe in Plastikbeutel - *their soup in plastic bags*

sehr verärgert - *very annoyed*

die Bewerter - *the reviewers*

der Grund der Anrufe war eine Überraschung - *the reason for the calls were a surprise*

eine Suppe zum mitnehmen - *a soup for to go*

mehr Anfragen - *more requests*

jeden Abend - *every evening*

der Umsatz stieg - *the revenues increased*

Schließlich planten die Brüder ein drittes Restaurant - *Finally the brothers made plans for a third restaurant*

100 German short stories including audio:

If you liked the stories from this book, you will certainly love this complete collection. This book contains over 100 German short stories for beginners and intermediate level students. All the stories come with a free downloadable audio file. Available on all major book platforms.

German classic short stories and their value as learning methods

Classic German short stories and tales are often longer and more complex in grammar with a wider range of vocabulary than contemporary or modern short stories, nevertheless classic stories can be of excellent learning value as long as the student takes his/her time to learn the vocabulary and is willing to translate some parts of the material.

Short stories as learning material

In recent times short stories are used for the learning of new languages as well. Actually the biggest popularity is visible here, because the method of learning by reading has proved itself. Language schools and learners are looking for helpful learning material which makes the learning of a new language faster and more efficient. Learning by reading short stories is nowaday a widely acceptable concept. An additional help are also humoristic and contemporary contents of the short story.

Classic German Short Stories

Ein Landarzt Erzählung Franz Kafka 1917

Ein Traum Erzählung   Franz Kafka 1920

Die griechische Tänzerin Arthur Schnitzler 1902

Die Wanderung Stefan Zweig 1902

Schwere Stunde Thomas Mann 1905

21 . Ein Landarzt

Ich war in großer Verlegenheit: eine dringende Reise stand mir bevor; ein Schwerkranker wartete auf mich in einem zehn Meilen entfernten Dorfe; starkes Schneegestöber füllte den weiten Raum zwischen mir und ihm; einen Wagen hatte ich, leicht, großräderig, ganz wie er für unsere Landstraßen taugt; in den Pelz gepackt, die Instrumententasche in der Hand, stand ich reisefertig schon auf dem Hofe; aber das Pferd fehlte, das Pferd. Mein eigenes Pferd war in der letzten Nacht, infolge der Überanstrengung in diesem eisigen Winter, verendet; mein Dienstmädchen lief jetzt im Dorf umher, um ein Pferd geliehen zu bekommen; aber es war aussichtslos, ich wußte es, und immer mehr vom Schnee überhäuft, immer unbeweglicher werdend, stand ich zwecklos da. Am Tor erschien das Mädchen, allein, schwenkte die Laterne; natürlich, wer leiht jetzt sein Pferd her zu solcher Fahrt? Ich durchmaß noch einmal den Hof; ich fand keine Möglichkeit; zerstreut, gequält stieß ich mit dem Fuß an die brüchige Tür des schon seit Jahren ungenutzten Schweinestalles. Sie öffnete sich und klappte in den Angeln auf und zu. Wärme und Geruch wie von Pferden kam hervor. Eine trübe Stallaterne schwankte drin an einem Seil. Ein Mann, zusammengekauert in dem niedrigen Verschlag, zeigte sein offenes blauäugiges Gesicht. »Soll ich anspannen?« fragte er, auf allen Vieren hervorkriechend. Ich wußte nichts zu

sagen und beugte mich nur, um zu sehen, was es noch in dem Stalle gab. Das

Dienstmädchen stand neben mir. »Man weiß nicht, was für Dinge man im

eigenen Hause vorrätig hat,« sagte es, und wir beide lachten. »Hollah, Bruder,

hollah, Schwester! rief der Pferdeknecht, und zwei Pferde, mächtige

flankenstarke Tiere schoben sich hintereinander, die Beine eng am Leib, die

wohlgeformten Köpfe wie Kamele senkend, nur durch die Kraft der

Wendungen ihres Rumpfes aus dem Türloch, das sie restlos ausfüllten. Aber

gleich standen sie aufrecht, hochbeinig, mit dicht ausdampfendem Körper.

»Hilf ihm,« sagte ich, und das willige Mädchen eilte, dem Knecht das

Geschirr des Wagens zu reichen. Doch kaum war es bei ihm, umfaßt es

der Knecht und schlägt sein Gesicht an ihres. Es schreit auf und flüchtet sich

zu mir; rot eingedrückt sind zwei Zahnreihen in des Mädchens Wange. »Du

Vieh,« schreie ich wütend, »willst du die Peitsche?«, besinne mich aber

gleich, daß es ein Fremder ist; daß ich nicht weiß, woher er kommt, und daß

er mir freiwillig aushilft, wo alle andern versagen. Als wisse er von meinen

Gedanken, nimmt er meine Drohung nicht übel, sondern wendet sich nur

einmal, immer mit den Pferden beschäftigt, nach mir um. »Steigt ein,« sagt er

dann, und tatsächlich: alles ist bereit. Mit so schönem Gespann, das merke

ich, bin ich noch nie gefahren und ich steige fröhlich ein. »Kutschieren werde aber ich, du kennst nicht den Weg,« sage ich. »Gewiß,« sagt er, »ich fahre gar nicht mit, ich bleibe bei Rosa.« »Nein,« schreit Rosa und läuft im richtigen Vorgefühl der Unabwendbarkeit ihres Schicksals ins Haus; ich höre die Türkette klirren, die sie vorlegt; ich höre das Schloß einspringen; ich sehe, wie sie überdies im Flur und weiterjagend durch die Zimmer alle Lichter verlöscht, um sich unauffindbar zu machen. »Du fährst mit,« sage ich zu dem Knecht, »oder ich verzichte auf die Fahrt, so dringend sie auch ist. Es fällt mir nicht ein, dir für die Fahrt das Mädchen als Kaufpreis hinzugeben.« »Munter!« sagt er; klatscht in die Hände; der Wagen wird fortgerissen, wie Holz in die Strömung; noch höre ich, wie die Tür meines Hauses unter dem Ansturm des Knechtes birst und splittert, dann sind mir Augen und Ohren von einem zu allen Sinnen gleichmäßig dringenden Sausen erfüllt. Aber auch das nur einen Augenblick, denn, als öffne sich unmittelbar vor meinem Hoftor der Hof meines Kranken, bin ich schon dort; ruhig stehen die Pferde; der Schneefall hat aufgehört; Mondlicht ringsum; die Eltern des Kranken eilen aus dem Haus; seine Schwester hinter ihnen; man hebt mich fast aus dem Wagen; den verwirrten Reden entnehme ich nichts; im Krankenzimmer ist die Luft kaum[atembar; der vernachlässigte Herdofen raucht; ich werde das Fenster aufstoßen; zuerst aber will ich den Kranken sehen. Mager, ohne Fieber, nicht kalt, nicht warm, mit leeren Augen, ohne Hemd hebt sich der

114

Junge unter dem Federbett, hängt sich an meinen Hals, flüstert mir ins Ohr: »Doktor, laß mich sterben.« Ich sehe mich um; niemand hat es gehört; die Eltern stehen stumm vorgebeugt und erwarten mein Urteil; die Schwester hat einen Stuhl für meine Handtasche gebracht. Ich öffne die Tasche und suche unter meinen Instrumenten; der Junge tastet immerfort aus dem Bett nach mir hin, um mich an seine Bitte zu erinnern; ich fasse eine Pinzette, prüfe sie im Kerzenlicht und lege sie wieder hin. »Ja,« denke ich lästernd, »in solchen Fällen helfen die Götter, schicken das fehlende Pferd, fügen der Eile wegen noch ein zweites hinzu, spenden zum Übermaß noch den Pferdeknecht «Jetzt erst fällt mir wieder Rosa ein; was tue ich, wie rette ich sie, wie ziehe ich sie unter diesem]Pferdeknecht hervor, zehn Meilen von ihr entfernt, unbeherrschbare Pferde vor meinem Wagen? Diese Pferde, die jetzt die Riemen irgendwie gelockert haben; die Fenster, ich weiß nicht wie, von außen aufstoßen; jedes durch ein Fenster den Kopf stecken und, unbeirrt durch den Aufschrei der Familie, den Kranken betrachten. »Ich fahre gleich wieder zurück,« denke ich, als forderten mich die Pferde zur Reise auf, aber ich dulde es, daß die Schwester, die mich durch die Hitze betäubt glaubt, den Pelz mir abnimmt. Ein Glas Rum wird mir bereitgestellt, der Alte klopft mir auf die Schulter, die Hingabe seines Schatzes rechtfertigt diese Vertraulichkeit. Ich schüttle den Kopf; in dem engen Denkkreis des Alten würde mir übel; nur

115

aus diesem Grunde lehne ich es ab zu trinken. Die Mutter steht am Bett und lockt mich hin; ich folge und lege, während ein Pferd laut zur Zimmerdecke wiehert, den Kopf an die Brust des Jungen, der unter meinem nassen Bart erschauert. Es bestätigt sich, was ich weiß: der Junge ist gesund, ein wenig schlecht durchblutet, von der sorgenden Mutter mit Kaffee durchtränkt, aber gesund und am besten mit einem Stoß aus dem Bett zu treiben. Ich bin kein Weltverbesserer und lasse ihn liegen. Ich bin vom Bezirk angestellt und tue meine Pflicht bis zum Rand, bis dorthin, wo es fast zu viel wird. Schlecht bezahlt, bin ich doch freigebig und hilfsbereit gegenüber den Armen. Noch für Rosa muß ich sorgen, dann mag der Junge recht haben und auch ich will sterben. Was tue ich hier in diesem endlosen Winter! Mein Pferd ist verendet, und da ist niemand im Dorf, der mir seines leiht. Aus dem Schweinestall muß ich mein Gespann ziehen; wären es nicht zufällig Pferde, müßte ich mit Säuen fahren. So ist es. Und ich nicke der Familie zu. Sie wissen nichts davon, und wenn sie es wüßten, würden sie es nicht glauben. Rezepte schreiben ist leicht, aber im übrigen sich mit den Leuten verständigen, ist schwer. Nun, hier wäre also mein Besuch zu Ende, man hat mich wieder einmal unnötig bemüht, daran bin ich gewöhnt, mit Hilfe meiner Nachtglocke martert mich der ganze Bezirk, aber daß ich diesmal auch noch Rosa hingeben mußte, dieses schöne Mädchen, das jahrelang, von mir kaum beachtet, in meinem Hause lebte –

dieses Opfer ist zu groß, und ich muß es mir mit Spitzfindigkeiten aushilfsweise in meinem Kopf irgendwie zurechtlegen, um nicht auf diese Familie loszufahren, die mir ja beim besten Willen Rosa nicht zurückgeben kann. Als ich aber meine Handtasche schließe und nach meinem Pelz winke, die Familie beisammensteht, der Vater schnuppernd über dem Rumglas in seiner Hand, die Mutter, von mir wahrscheinlich enttäuscht – ja, was erwartet denn das Volk? – tränenvoll in die Lippen beißend und die Schwester ein schwer blutiges Handtuch schwenkend, bin ich irgendwie bereit, unter Umständen zuzugeben, daß der Junge doch vielleicht krank ist. Ich gehe zu ihm, er lächelt mir entgegen, als brächte ich ihm etwa die allerstärkste Suppe – ach, jetzt wiehern beide Pferde; der Lärm soll wohl, höhern Orts angeordnet, die Untersuchung erleichtern – und nun finde ich: ja, der Junge ist krank. In seiner rechten Seite, in der Hüftengegend hat sich eine handtellergroße Wunde aufgetan. Rosa, in vielen Schattierungen, dunkel in der Tiefe, hellwerdend zu den Rändern, zartkörnig, mit ungleichmäßig sich aufsammelndem Blut, offen wie ein Bergwerk obertags. So aus der Entfernung. In der Nähe zeigt sich noch eine Erschwerung. Wer kann das ansehen ohne leise zu pfeifen? Würmer, an Stärke und Länge meinem kleinen Finger gleich, rosig aus eigenem und außerdem blutbespritzt, winden sich, im Innern der Wunde festgehalten, mit weißen Köpfchen, mit vielen Beinchen

117

ans Licht. Armer Junge, dir ist nicht zu helfen. Ich habe deine große Wunde aufgefunden; an dieser Blume in deiner Seite gehst du zugrunde. Die Familie ist glücklich, sie sieht mich in Tätigkeit; die Schwester sagt's der Mutter, die Mutter dem Vater, der Vater einigen Gästen, die auf den Fußspitzen, mit ausgestreckten Armen balancierend, durch den Mondschein der offenen Tür hereinkommen. »Wirst du mich retten?« flüstert schluchzend der Junge, ganz geblendet durch das Leben in seiner Wunde. So sind die Leute in meiner Gegend. Immer das Unmögliche vom Arzt verlangen. Den alten Glauben haben sie verloren; der Pfarrer sitzt zu Hause und zerzupft die Meßgewänder, eines nach dem[26] andern; aber der Arzt soll alles leisten mit seiner zarten chirurgischen Hand. Nun, wie es beliebt: ich habe mich nicht angeboten; verbraucht ihr mich zu heiligen Zwecken, lasse ich auch das mit mir geschehen; was will ich Besseres, alter Landarzt, meines Dienstmädchens beraubt! Und sie kommen, die Familie und die Dorfältesten, und entkleiden mich; ein Schulchor mit dem Lehrer an der Spitze steht vor dem Haus und singt eine äußerst einfache Melodie auf den Text:

»Entkleidet ihn, dann wird er heilen,

Und heilt er nicht, so tötet ihn!

»Sie ist nur ein Arzt, sie ist nur ein Arzt.«

Dann bin ich entkleidet und sehe, die Finger im Barte, mit geneigtem Kopf die Leute ruhig an. Ich bin durchaus gefaßt und allen überlegen und bleibe es auch, trotzdem es mir nichts hilft, denn jetzt nehmen sie mich beim Kopf und bei den Füßen und tragen mich ins Bett. Zur Mauer, an die Seite der Wunde legen sie mich. Dann gehen alle[28] aus der Stube; die Tür wird zugemacht; der Gesang verstummt; Wolken treten vor den Mond; warm liegt das Bettzeug um mich; schattenhaft schwanken die Pferdeköpfe in den Fensterlöchern. »Weißt du,« höre ich, mir ins Ohr gesagt, »mein Vertrauen zu dir ist sehr gering. Du bist ja auch nur irgendwo abgeschüttelt, kommst nicht auf eigenen Füßen. Statt zu helfen, engst du mir mein Sterbebett ein. Am liebsten kratzte ich dir die Augen aus.« »Richtig,« sage ich, »es ist eine Schmach. Nun bin ich aber Arzt. Was soll ich tun? Glaube mir, es wird auch mir nicht leicht.« »Mit dieser Entschuldigung soll ich mich begnügen? Ach, ich muß wohl. Immer muß ich mich begnügen. Mit einer schönen Wunde kam ich auf die Welt; das war meine ganze Ausstattung.« »Junger Freund,« sage ich, »dein Fehler ist: du hast keinen Überblick. Ich, der ich schon in allen Krankenstuben, weit und breit, gewesen bin, sage dir: deine Wunde ist so übel nicht. Im spitzen Winkel mit zwei Hieben der Hacke geschaffen. Viele bieten ihre Seite an und hören kaum die Hacke im Forst, geschweige denn, daß sie ihnen näher kommt.« »Ist es wirklich so oder täuschest du mich im Fieber?« »Es ist wirklich so, nimm

119

das Ehrenwort eines Amtsarztes mit hinüber.« Und er nahm's und wurde still.

Aber jetzt war es Zeit, an meine Rettung zu denken. Noch standen treu die Pferde an ihren Plätzen. Kleider, Pelz und Tasche waren schnell zusammengerafft; mit dem Ankleiden wollte ich mich nicht aufhalten; beeilten sich die Pferde wie auf der Herfahrt, sprang ich ja gewissermaßen aus diesem Bett in meines. Gehorsam zog sich ein Pferd vom Fenster zurück; ich warf den Ballen in den Wagen; der Pelz flog zu weit, nur mit einem Ärmel hielt er sich an einem Haken fest. Gut genug. Ich schwang mich aufs Pferd. Die Riemen lose schleifend, ein Pferd kaum mit dem andern verbunden, der Wagen irrend hinterher, der Pelz als letzter im Schnee. »Munter!« sagte ich, aber munter ging's nicht; langsam wie alte Männer zogen wir durch die Schneewüste; lange klang hinter uns der neue, aber irrtümliche Gesang der Kinder:

»Freuet Euch, Ihr Patienten,

Der Arzt ist Euch ins Bett gelegt!«

Niemals komme ich so nach Hause; meine blühende Praxis ist verloren; ein Nachfolger bestiehlt mich, aber ohne Nutzen, denn er kann mich nicht ersetzen; in meinem Hause wütet der ekle Pferdeknecht; Rosa ist sein Opfer; ich will es nicht ausdenken. Nackt, dem Froste dieses unglückseligsten Zeitalters ausgesetzt, mit irdischem Wagen, unirdischen Pferden, treibe ich mich alter Mann umher. Mein Pelz hängt hinten am Wagen, ich kann ihn aber nicht erreichen, und keiner aus dem beweglichen Gesindel der Patienten rührt den Finger. Betrogen! Betrogen! Einmal dem Fehlläuten der Nachtglocke gefolgt – es ist niemals gutzumachen.

22. Ein Traum

Josef K. träumte: Es war ein schöner Tag und K. wollte spazieren gehen. Kaum aber hatte er zwei Schritte gemacht, war er schon auf dem Friedhof. Es waren dort sehr künstliche, unpraktisch gewundene[136] Wege, aber er glitt über einen solchen Weg wie auf einem reißenden Wasser in unerschütterlich schwebender Haltung. Schon von der Ferne faßte er einen frisch aufgeworfenen Grabhügel ins Auge, bei dem er Halt machen wollte. Dieser Grabhügel übte fast eine Verlockung auf ihn aus und er glaubte, gar nicht eilig genug hinkommen zu können. Manchmal aber sah er den Grabhügel kaum, er wurde ihm verdeckt durch Fahnen, deren Tücher sich wanden und mit großer[137]Kraft aneinanderschlugen; man sah die Fahnenträger nicht, aber es war, als herrsche dort viel Jubel.

Während er den Blick noch in die Ferne gerichtet hatte, sah er plötzlich den gleichen Grabhügel neben sich am Weg, ja fast schon hinter sich. Er sprang eilig ins Gras. Da der Weg unter seinem abspringenden Fuß weiter raste, schwankte er und fiel gerade vor dem Grabhügel ins Knie. Zwei Männer standen hinter dem Grab und hielten zwischen sich einen Grabstein[138] in der Luft; kaum war K. erschienen, stießen sie den Stein in die Erde und er

122

stand wie festgemauert. Sofort trat aus einem Gebüsch ein dritter Mann hervor, den K. gleich als einen Künstler erkannte. Er war nur mit Hosen und einem schlecht zugeknöpften Hemd bekleidet; auf dem Kopf hatte er eine Samtkappe; in der Hand hielt er einen gewöhnlichen Bleistift, mit dem er schon beim Näherkommen Figuren in der Luft beschrieb.

Mit diesem Bleistift setzte er nun oben auf dem Stein an; der[139] Stein war sehr hoch, er mußte sich gar nicht bücken, wohl aber mußte er sich vorbeugen, denn der Grabhügel, auf den er nicht treten wollte, trennte ihn von dem Stein. Er stand also auf den Fußspitzen und stützte sich mit der linken Hand auf die Fläche des Steines. Durch eine besonders geschickte Hantierung gelang es ihm, mit dem gewöhnlichen Bleistift Goldbuchstaben zu erzielen; er schrieb: »Hier ruht –« Jeder Buchstabe erschien rein und schön, tief geritzt und in vollkommenem Gold. Als er die zwei Worte geschrieben hatte, sah er nach K. zurück; K., der sehr begierig auf das Fortschreiten der Inschrift war, kümmerte sich kaum um den Mann, sondern blickte nur auf den Stein. Tatsächlich setzte der Mann wieder zum Weiterschreiben an, aber er konnte nicht, es bestand irgendein Hindernis, er ließ den Bleistift sinken und drehte sich wieder nach K. um. Nun sah auch K. den Künstler an und merkte, daß dieser in großer Verlegenheit war, aber die Ursache dessen nicht sagen konnte. Alle seine frühere Lebhaftigkeit war verschwunden. Auch K. geriet dadurch in Verlegenheit; sie wechselten hilflose Blicke; es lag ein häßliches

Mißverständnis vor, das keiner auflösen konnte. Zur Unzeit begann nun auch

eine kleine Glocke von der Grabkapelle zu läuten, aber der Künstler fuchtelte

mit der erhobenen Hand und sie hörte auf. Nach einem Weilchen begann sie

wieder; diesmal ganz leise und, ohne besondere Aufforderung, gleich

abbrechend; es war, als wolle sie nur ihren Klang prüfen. K. war untröstlich

über die Lage des Künstlers, er begann zu weinen und schluchzte lange in die

vorgehaltenen Hände. Der Künstler wartete, bis K. sich beruhigt hatte, und

entschloß sich dann, da er keinen andern Ausweg fand, dennoch zum

Weiterschreiben. Der erste kleine Strich, den er machte, war für K. eine

Erlösung, der Künstler brachte ihn aber offenbar nur mit dem äußersten

Widerstreben zustande; die Schrift war auch nicht mehr so[143] schön, vor

allem schien es an Gold zu fehlen, blaß und unsicher zog sich der Strich hin,

nur sehr groß wurde der Buchstabe. Es war ein J, fast war es schon beendet,

da stampfte der Künstler wütend mit einem Fuß in den Grabhügel hinein, daß

die Erde ringsum in die Höhe flog. Endlich verstand ihn K.; ihn abzubitten

war keine Zeit mehr; mit allen Fingern grub er in die Erde, die fast keinen

Widerstand leistete; alles schien vorbereitet; nur zum Schein war eine dünne

Erdkruste aufgerichtet;[144] gleich hinter ihr öffnete sich mit abschüssigen

Wänden ein großes Loch, in das K., von einer sanften Strömung auf den

124

Rücken gedreht, versank. Während er aber unten, den Kopf im Genick noch aufgerichtet, schon von der undurchdringlichen Tiefe aufgenommen wurde, jagte oben sein Name mit mächtigen Zieraten über den Stein.

Entzückt von diesem Anblick erwachte er.

23. Die griechische Tänzerin

Die Leute mögen sagen, was sie wollen, ich glaube nicht daran, daß Frau Mathilde Samodeski an Herzschlag gestorben ist. Ich weiß es besser. Ich gehe auch nicht in das Haus, aus dem man sie heute zur ersehnten Ruhe hinausträgt; ich habe keine Lust, den Mann zu sehen, der es ebensogut weiß als ich, warum sie gestorben ist; ihm die Hand zu drücken und zu schweigen.

Einen anderen Weg schlag ich ein; er ist allerdings etwas weit, aber der Herbsttag ist schön und still, und es tut mir wohl, allein zu sein. Bald werde ich hinter dem Gartengitter stehen, hinter dem ich im vergangenen Frühjahr Mathilde zum letztenmal gesehen habe. Die Fensterladen der Villa werden alle geschlossen sein, auf dem Kiesweg werden rötliche Blätter liegen, und an irgendeiner Stelle werde ich wohl den weißen Marmor durch die Bäume schimmern sehen, aus dem die griechische Tänzerin gemeißelt ist.

An jenen Abend muß ich heute viel denken. Es kommt mir fast wie eine Fügung vor, daß ich mich damals noch im letzten Augenblick entschlossen hatte, die Einladung von Wartenheimers anzunehmen, da ich doch im Laufe der Jahre die Freude an allem geselligen Treiben so ganz verloren habe. Vielleicht war der laue Wind schuld, der abends von den Hügeln in die Stadt geweht kam und mich aufs Land hinauslockte. Überdies sollte es ja ein

Gartenfest sein, mit dem die Wartenheimers ihre Villa einweihen wollten, und man brauchte keinerlei besonderen Zwang zu fürchten. Sonderbar ist es auch, daß ich im Hinausfahren kaum an die Möglichkeit dachte, Frau Mathilde draußen zu begegnen. Und dabei war mir doch bekannt, daß Herr Wartenheimer die griechische Tänzerin von Samodeski für seine Villa gekauft hatte; – und daß Frau von Wartenheimer in den Bildhauer verliebt war, wie alle übrigen Frauen, das wußt' ich nicht minder. Aber selbst davon abgesehen hätte ich wohl an Mathilde denken können, denn zur Zeit, da sie noch Mädchen war, hatte ich manche schöne Stunde mit ihr verbracht. Insbesondere gab es einen Sommer am Genfer See vor sieben Jahren, gerade ein Jahr vor ihrer Verlobung, den ich nicht so leicht vergessen werde. Es scheint sogar, daß ich mir damals trotz meiner grauen Haare mancherlei eingebildet hatte, denn als sie im Jahre darauf Samodeskis Gattin wurde, empfand ich einige Enttäuschung und war vollkommen überzeugt – oder hoffte sogar –, daß sie mit ihm nicht glücklich werden könnte. Erst auf dem Fest, das Gregor Samodeski kurz nach der Rückkehr von der Hochzeitsreise in seinem Atelier in der Gußhausgasse gab, wo alle Geladenen lächerlicherweise in japanischen oder chinesischen Kostümen erscheinen mußten, habe ich Mathilde wiedergesehen. Ganz unbefangen begrüßte sie mich; ihr ganzes Wesen machte den Eindruck der Ruhe und Heiterkeit. Aber

127

später, während sie im Gespräch mit anderen war, traf mich manchmal ein seltsamer Blick aus ihren Augen, und nach einiger Bemühung habe ich deutlich verstanden, was er zu bedeuten hatte. Er sagte: ›Lieber Freund, Sie glauben, daß er mich um des Geldes willen geheiratet hat; Sie glauben, daß er mich nicht liebt; Sie glauben, daß ich nicht glücklich bin – aber Sie irren sich ... Sie irren sich ganz bestimmt. Sehen Sie doch, wie gut gelaunt ich bin, wie meine Augen leuchten.‹

Ich bin ihr auch später noch einige Male begegnet, aber immer nur ganz flüchtig. Einmal auf einer Reise kreuzten sich unsere Züge; ich speiste mit ihr und ihrem Gatten in einem Bahnhofsrestaurant, und er erzählte allerhand Witze, die mich nicht sonderlich amüsierten. Auch im Theater sprach ich sie einmal, sie war mit ihrer Mutter dort, die eigentlich noch immer schöner ist als sie ... der Teufel weiß, wo Herr Samodeski damals gewesen ist. Und im letzten Winter hab ich sie im Prater gesehen; an einem klaren, kalten Tage. Sie ging mit ihrem kleinen Mäderl unter den kahlen Kastanien über den Schnee. Der Wagen fuhr langsam nach. Ich befand mich auf der anderen Seite der Fahrbahn und ging nicht einmal hinüber. Wahrscheinlich war ich innerlich mit ganz anderen Dingen beschäftigt; auch interessierte mich Mathilde schließlich nicht mehr besonders. So würde ich mir heute vielleicht gar keine weiteren Gedanken über sie und über ihren plötzlichen Tod machen, wenn nicht jenes letzte Wiedersehen bei Wartenheimers stattgefunden hätte. Dieses Abends erinnere ich mich heute mit einer merkwürdigen, geradezu peinlichen Deutlichkeit, etwa so wie manchen Tags am Genfer See. Es war schon ziemlich dämmerig, als ich hinauskam. Die Gäste gingen in den Alleen spazieren, ich begrüßte den Hausherrn und einige Bekannte. Irgendwoher tönte die Musik einer kleinen Salonkapelle, die in einem Boskett versteckt war. Bald kam ich zu dem kleinen Teich, der im Halbkreis von hohen Bäumen umgeben ist; in der Mitte auf einem dunklen Postament, so daß sie über dem Wasser zu schweben schien, leuchtete die griechische Tänzerin; durch elektrische Flammen vom Hause her war sie übrigens etwas theatralisch beleuchtet. Ich erinnere mich des Aufsehens, das sie im Jahre vorher in der Sezession erregt hatte; ich muß gestehen, auch auf mich machte sie einigen Eindruck, obwohl mir Samodeski ausnehmend zuwider ist, und trotzdem ich die sonderbare Empfindung habe, daß eigentlich nicht er es ist, der die schönen Sachen macht, die ihm zuweilen gelingen, sondern irgend etwas anderes in ihm, irgend etwas Unbegreifliches, Glühendes, Dämonisches meinethalben, das ganz bestimmt erlöschen wird, wenn er einmal aufhören wird, jung und geliebt zu sein. Ich glaube, es gibt mancherlei Künstler dieser Art, und dieser Umstand erfüllt mich seit jeher mit einer gewissen Genugtuung.

In der Nähe des Teiches begegnete ich Mathilden. Sie schritt am Arm eines jungen Mannes, der aussah wie ein Korpsstudent und sich mir als Verwandter des Hauses vorstellte. Wir spazierten zu dritt sehr vergnügt plaudernd im Garten hin und her, in dem jetzt überall Lichter aufgeflackert waren. Die Frau des Hauses mit Samodeski kam uns entgegen. Wir blieben alle eine Weile stehen, und zu meiner eigenen Verwunderung sagte ich dem Bildhauer einige höchst anerkennende Worte über die griechische Tänzerin. Ich war eigentlich ganz unschuldig daran; offenbar lag in der Luft eine friedliche, heitere Stimmung, wie das an solchen Frühlingsabenden manchmal vorkommt: Leute, die einander sonst gleichgültig sind, begrüßen sich herzlich, andere, die schon eine gewisse Sympathie verbindet, fühlen sich zu allerlei Herzensergießungen angeregt. Als ich beispielsweise eine Weile später auf einer Bank saß und eine Zigarette rauchte, gesellte sich ein Herr zu mir, den ich nur oberflächlich kannte und der plötzlich die Leute zu preisen begann, die von ihrem Reichtum einen so vornehmen Gebrauch machen wie unser Gastgeber. Ich war vollkommen seiner Meinung, obwohl ich Herrn von Wartenheimer sonst für einen ganz einfältigen Snob halte. Dann teilte ich wieder dem Herrn ganz ohne Grund meine Ansichten über moderne Skulptur mit, von der ich nicht sonderlich viel verstehe, Ansichten, die für ihn sonst gewiß ohne jedes Interesse gewesen wären; aber unter dem Einflusse dieses verführerischen Frühlingsabends stimmte er mir begeistert zu. Später traf ich die Nichten des Hausherrn, die das Fest äußerst romantisch fanden, hauptsächlich, weil die Lichter zwischen den Blättern hervorglänzten und Musik in der Ferne ertönte. Dabei standen wir gerade neben der Kapelle: aber trotzdem fand ich die Bemerkung nicht unsinnig. So sehr stand auch ich unter dem Banne der allgemeinen Stimmung.

Das Abendessen wurde an kleinen Tischen eingenommen, die, soweit es der Platz erlaubte, auf der großen Terrasse, zum andern Teil im anstoßenden Salon aufgestellt waren. Die drei großen Glastüren standen weit offen. Ich saß an einem Tisch im Freien mit einer der Nichten; an meiner anderen Seite hatte Mathilde Platz genommen mit dem Herrn, der aussah wie ein Korpsstudent, übrigens aber Bankbeamter und Reserveoffizier war. Gegenüber von uns, aber schon im Saal, saß Samodeski zwischen der Frau des Hauses und irgendeiner anderen schönen Dame, die ich nicht kannte. Er warf seiner Gattin eine scherzhaft verwegene Kußhand zu; sie nickte ihm zu und lächelte. Ohne weitere Absicht beobachtete ich ihn ziemlich genau. Er war wirklich schön mit seinen stahlblauen Augen und dem langen schwarzen Spitzbarte, den er manchmal mit zwei Fingern der linken Hand am Kinn zurechtstrich. Ich glaube aber auch, daß ich nie in meinem Leben einen Mann so sehr von Worten, Blicken, Gebärden gewissermaßen umglüht gesehen habe als ihn an diesem Abend. Anfangs schien es, als ließe er sich das eben nur gefallen.

Aber bald sah ich an seiner Art, den Frauen leise zuzuflüstern, an seinen unerträglichen Siegerblicken und besonders an der erregten Munterkeit seiner Nachbarinnen, daß die scheinbar harmlose Unterhaltung von irgendeinem geheimen Feuer genährt wurde. Natürlich mußte Mathilde das alles geradeso gut bemerken als ich; aber sie plauderte anscheinend unbewegt bald mit ihrem Nachbarn, bald mit mir. Allmählich wandte sie sich zu mir allein, erkundigte sich nach verschiedenen äußeren Umständen meines Lebens und ließ sich von meiner vorjährigen Reise nach Athen berichten. Dann sprach sie von ihrer Kleinen, die merkwürdigerweise schon heute Lieder von Schumann nach dem Gehör singen konnte, von ihren Eltern, die sich nun auch auf ihre alten Tage ein Häuschen in Hietzing gekauft, von alten Kirchenstoffen, die sie selbst im vorigen Jahr in Salzburg angeschafft hatte, und von hundert anderen Dingen. Aber unter der Oberfläche dieses Gespräches ging etwas ganz anderes zwischen uns vor; ein stummer erbitterter Kampf: sie versuchte mich durch ihre Ruhe von der Ungetrübtheit ihres Glückes zu überzeugen – und ich wehrte mich dagegen, ihr zu glauben. Ich mußte wieder an jenen japanisch-chinesischen Abend in Samodeskis Atelier denken, wo sie sich in gleicher Weise bemüht hatte. Diesmal fühlte sie wohl, daß sie gegen meine Bedenken wenig ausrichtete und daß sie irgend

132

etwas ganz Besonderes ausdenken mußte, um sie zu zerstreuen. Und so kam sie auf den Einfall, mich selbst auf das zutunliche und verliebte Benehmen der zwei schönen Frauen ihrem Gatten gegenüber aufmerksam zu machen und begann von seinem Glück bei Frauen zu sprechen, als wenn sie sich auch daran geradeso wie an seiner Schönheit und an seinem Genie ohne jede Unruhe und jedes Mißtrauen als gute Kameradin freuen dürfte. Aber je mehr sie sich bemühte, vergnügt und ruhig zu scheinen, um so tiefere Schatten flogen über ihre Stirne hin. Als sie einmal das Glas erhob, um Samodeski zuzutrinken, zitterte ihre Hand. Das wollte sie verbergen, unterdrücken; dadurch verfiel aber nicht nur ihre Hand, sondern der Arm, ihre ganze Gestalt für einige Sekunden in eine solche Starrheit, daß mir beinahe bange wurde. Sie faßte sich wieder, sah mich rasch von der Seite an, merkte offenbar, daß sie daran war, ihr Spiel endgültig zu verlieren, und sagte plötzlich, wie mit einem letzten verzweifelten Versuch: »Ich wette, Sie halten mich für eifersüchtig.« Und ehe ich Zeit hatte, etwas zu erwidern, setzte sie rasch hinzu: »Oh, das glauben viele. Im Anfang hat es Gregor selbst geglaubt.« Sie sprach absichtlich ganz laut, man hätte drüben jedes Wort hören können. »Nun ja,« sagte sie mit einem Blick hinüber, »wenn man einen solchen Mann hat: schön und berühmt ... und selber den Ruf, nicht sonderlich hübsch zu sein ... Oh, Sie brauchen mir nichts zu erwidern ... ich weiß ja, daß ich seit meinem

Mäderl ein bißchen hübscher geworden bin.« Sie hatte möglicherweise recht, aber für ihren Gemahl – davon war ich völlig überzeugt – hatte der Adel ihrer Züge nie sonderlich viel bedeutet, und was ihre Gestalt anlangt, so hatte sie mit der mädchenhaften Schlankheit für ihn wahrscheinlich ihren einzigen Reiz verloren. Doch ich stimmte ihr natürlich mit übertriebenen Worten bei; sie schien erfreut und fuhr mit wachsendem Mute fort: »Aber ich habe nicht das geringste Talent zur Eifersucht. Das habe ich selbst nicht gleich gewußt; ich bin erst allmählich darauf gekommen, und zwar hauptsächlich vor ein paar Jahren in Paris ... Sie wissen ja, daß wir dort waren?«

Ich erinnerte mich.

»Gregor hat dort die Büsten der Fürstin La Hire und des Ministers Chocquet gemacht und mancherlei anderes. Wir haben dort so angenehm gelebt wie junge Leute ... das heißt, jung sind wir ja noch beide ... ich meine, wie ein Liebespaar, wenn wir auch gelegentlich in die große Welt gingen ... Wir waren ein paarmal beim österreichischen Botschafter, die La Hires haben wir besucht und andere. Im ganzen aber machten wir uns nicht viel aus dem eleganten Leben. Wir wohnten sogar draußen auf Montmartre, in einem ziemlich schäbigen Haus, wo übrigens Gregor auch sein Atelier hatte. Ich versichere Sie, unter den jungen Künstlern, mit denen wir dort verkehrten, hatten manche keine Ahnung, daß wir verheiratet waren. Ich bin überall mit ihm herumgestiefelt. Oft bin ich in der Nacht mit ihm im Café Athenés gesessen, mit Léandre, Carabin und vielen anderen. Auch allerlei Frauen waren zuweilen in unserer Gesellschaft, mit denen ich wahrscheinlich in Wien nicht verkehren möchte ... obzwar schließlich – –« Sie warf einen hastigen Blick hinüber auf Frau Wartenheimer und fuhr rasch wieder fort: »Und manche war sehr hübsch. Ein paarmal war auch die letzte Geliebte von Henri Chabran dort, die seit seinem Tode immer ganz in Schwarz ging und jede Woche einen anderen Liebhaber hatte, die aber in dieser Zeit auch alle Trauer tragen mußten, das verlangte sie ... Sonderbare Leute lernt man kennen. Sie können sich denken, daß die Frauen meinem Manne dort nicht weniger nachgelaufen sind als anderswo; es war zum Lachen. Aber da ich doch immer mit ihm war – oder meistens, so wagten sie sich nicht recht an ihn heran, um so weniger, als ich für seine Geliebte galt ... Ja, wenn sie gewußt hätten, daß ich nur seine Frau war –! Und da bin ich einmal auf einen sonderbaren Einfall gekommen, den Sie mir gewiß nie zugetraut hätten – und aufrichtig gestanden, ich wundere mich heute selbst über meinen Mut.« Sie sah vor sich hin und sprach leiser als früher: »Es ist übrigens auch möglich, daß es schon mit etwas im Zusammenhang stand – nun, Sie können sich's ja denken. Seit ein paar Wochen wußte ich, daß ich ein Kind zu erwarten hatte. Das machte mich unerhört glücklich. Im Anfang war ich nicht nur heiterer, sondern merkwürdigerweise auch viel beweglicher als jemals früher ... Also denken Sie, eines schönen Abends habe ich mir Männerkleider angezogen und bin so mit Gregor auf Abenteuer aus. Natürlich hab ich ihm vor allem das Versprechen abgenommen, daß er sich keinerlei Zwang antun dürfte ... nun ja, sonst hätte die ganze Geschichte keinen Sinn gehabt. Ich habe übrigens famos ausgesehen – Sie hätten mich nicht erkannt ... niemand hätte mich erkannt. Ein Freund von Gregor, ein gewisser Léonce Albert, ein junger Maler, ein buckliger Mensch, holte uns an diesem Abend ab. Es war wunderschön ... Mai ... ganz warm ... und ich war frech, davon machen Sie sich keinen Begriff. Denken Sie sich, ich hab meinen Überzieher – einen sehr eleganten gelben Überzieher – einfach abgelegt und ihn auf dem Arm getragen ... so wie das eben Herren zu tun pflegen ... Es war allerdings schon ziemlich dunkel ... In einem kleinen Restaurant auf dem äußeren Boulevard haben wir diniert, dann sind wir in die Roulotte gegangen, wo damals Legay sang und Montoya ...»Tu t'en iras les pieds devant« ... Sie haben es ja neulich hier gehört im Wiedener Theater – nicht wahr?« Jetzt warf Mathilde einen raschen Blick zu ihrem Mann hinüber, der nicht darauf achtete. Es war, als wenn sie nun auf längere Zeit von ihm Abschied nähme. Und nun erzählte sie drauflos, immer heftiger, stürzte sozusagen vorwärts. »In der Roulotte,« sagte sie, »war eine sehr elegante Dame, die ganz nahe vor uns saß; die kokettierte mit Gregor, aber in einer Weise ... nun, ich versichere Sie, man kann sich nichts Unanständigeres vorstellen. Ich werde nie begreifen, daß ihr Gatte sie nicht auf der Stelle erwürgt hat. Ich hätte es getan. Ich glaube, es war eine Herzogin ... Nun, Sie müssen nicht lachen, es war gewiß eine Dame der großen Welt, trotz ihres Benehmens ... das kann man schon beurteilen ... Und ich wollte eigentlich, daß Gregor auf die Sache einginge ... natürlich! – ich hätte gern gesehen, wie man so etwas anfängt ... ich wünschte, daß er ihr einen Brief zusteckte – oder sonst was täte – was er eben in solchen Fällen getan haben wird, bevor ich seine Frau wurde ... Ja, das wollte ich, trotzdem es nicht ohne Gefahr für ihn gewesen wäre. Offenbar steckt in uns Frauen so eine grausame Neugier ... Aber Gregor hatte, Gott sei Dank, keine Lust. Wir gingen sogar recht bald fort, wieder hinaus in die schöne Mainacht, Léonce blieb immer mit uns. Der hat sich übrigens an diesem Abend in mich verliebt und wurde gegen seine Gewohnheit geradezu galant. Es war sonst ein sehr verschüchterter Mensch – wegen seines Aussehens ... Ich sagte ihm noch: »Man muß wohl einen gelben Überzieher haben, damit Sie einem den Hof machen.« Wir sind so vergnügt weiterspaziert wie drei Studenten. Und jetzt kam das Interessante: wir gingen nämlich ins Moulin Rouge. Das gehörte zum Programm. Es war auch notwendig, daß endlich irgend etwas geschah. Bisher hatten wir ja noch gar nichts erlebt ... nur mich – denken Sie: mich selbst – hatte ein Frauenzimmer auf der Straße angeredet. Aber das war ja nicht die Absicht gewesen ... Um ein Uhr waren wir im Moulin Rouge. Wie es da zugeht, wissen Sie ja wahrscheinlich; eigentlich hatte ich mir's ärger vorgestellt ... Es passierte auch anfangs dort nicht das Geringste, und es sah ganz danach aus, als sollte der ganze Scherz zu nichts führen. Ich war ein bißchen ärgerlich. »Du bist ein Kind,« sagte Gregor. »Wie denkst du dir das eigentlich? Wir kommen, und sie fallen uns zu Füßen –?« Er sagte »uns« aus Höflichkeit für Léonce; es war keine Rede davon, daß man Léonce zu Füßen fallen konnte. Aber wie wir nun schon alle ernstlich daran dachten, nach Hause zu gehen, nahm die Sache eine Wendung. Mir fiel nämlich eine Person auf ... mir, wirklich mir ... die schon ein paarmal ganz zufällig an uns vorübergegangen war ... Sie war ganz ernst und sah ziemlich anders aus als die meisten anwesenden Damen. Sie war gar nicht auffallend gekleidet – in Weiß, vollkommen in Weiß ... Ich hatte bemerkt, wie sie zwei oder drei Herren, die sie ansprachen, überhaupt gar keine Antwort gab, einfach weiterging, ohne sie eines Blickes zu würdigen. Sie schaute nur dem Tanze zu, sehr ruhig, interessiert, sachlich möchte ich sagen ... Léonce fragte – ich hatte ihn darum gebeten – ein paar Bekannte, ob ihnen das hübsche Wesen schon irgendwo begegnet wäre, und einer erinnerte sich, daß er sie im vorigen Winter auf einem der Donnerstagsbälle im Quartier Latin gesehen hatte.

Léonce sprach sie dann in einiger Entfernung von uns an, und ihm gab sie Antwort. Dann kam er mit ihr näher, wir setzten uns alle an einen kleinen Tisch und tranken Champagner. Gregor kümmerte sich gar nicht um sie – als wenn sie überhaupt nicht dagewesen wäre ... Er plauderte mit mir, immer nur mit mir ... Das schien sie nun besonders zu reizen. Sie wurde immer heiterer, gesprächiger, ungenierter, und wie das so kommt, allmählich hatte sie ihre ganze Lebensgeschichte erzählt. Was so ein armes Ding alles erleben kann – oder erleben muß, möglicherweise! Man liest ja so oft davon, aber wenn man es einmal als etwas ganz Wirkliches hört, von einer, die daneben sitzt, da ist es doch ganz sonderbar. Ich erinnere mich noch an mancherlei. Wie sie fünfzehn Jahre alt war, hat sie irgendeiner verführt und sitzen lassen. Dann war sie Modell. Auch Statistin an einem kleinen Theater ist sie gewesen. – Was sie uns vom Direktor für Dinge erzählte!... Ich wäre auf und davon gelaufen, wenn ich nicht vom Champagner schon ein wenig angeheitert gewesen wäre ... Dann hatte sie sich in einen Studenten der Medizin verliebt, der in der Anatomie arbeitete, den holte sie manchmal aus der Leichenkammer ab ... oder blieb vielmehr mit ihm dort ... nein, es ist nicht möglich, zu wiederholen, was sie uns erzählt hat! – Der Mediziner verließ sie natürlich auch. Und das wollte sie nicht überleben – gerade das! Und sie brachte sich um, das heißt, sie versuchte es. Sie machte sich selbst darüber

139

lustig ... in Ausdrücken! Ich höre noch ihre Stimme ... es klang gar nicht so gemein, als es war. Und sie lüftete ihr Kleid ein wenig und zeigte über der linken Brust eine kleine rötliche Narbe. Und wie wir alle diese kleine Narbe ganz ernsthaft betrachten, sagte sie – nein, schreit sie plötzlich meinen Mann an: »Küssen!« Ich sagte Ihnen schon, Gregor kümmerte sich gar nicht um sie. Auch während sie ihre Geschichten erzählte, hörte er kaum zu, sah in den Saal hinein, rauchte Zigaretten, und jetzt, wie sie ihn so anrief, lächelte er kaum. Ich hab ihn aber gestoßen, gezwickt, ich war ja wirklich etwas beduselt ... jedenfalls war es die sonderbarste Stimmung meines Lebens. Und ob er nun wollte oder nicht, er mußte die Narbe ... das heißt, er mußte so tun, als berührte er die Stelle mit den Lippen. Ja, und dann wurde es immer lustiger und toller. Nie hab ich so viel gelacht wie an diesem Abend – und gar nicht gewußt, warum. Und nie hätte ich es für möglich gehalten, daß sich ein weibliches Wesen – und noch dazu solch eines – im Verlauf einer Stunde so wahnsinnig in einen Mann verlieben könnte, wie dieses Geschöpf in Gregor. Sie hieß Madeleine.«

Ich weiß nicht, ob Frau Mathilde den Namen absichtlich lauter aussprach – jedenfalls schien es mir, als hörte ihn ihr Gatte, denn er sah zu uns herüber; seine Frau sah er sonderbarerweise nicht an, aber unsere Blicke begegneten sich und blieben eine ganze Weile ineinander ruhen, nicht eben mit besonderer Sympathie. Dann plötzlich lächelte er seiner Gattin zu, sie nickte zurück, er sprach mit seinen Nachbarinnen weiter, und sie wandte sich wieder zu mir.

»Ich kann mich natürlich nicht mehr an alles erinnern, was Madeleine später gesprochen hat,« sagte sie, »es war ja alles so wirr. Aber ich will aufrichtig sein: es gab eine Sekunde, in der ich ein bißchen verstimmt wurde. Das war, als Madeleine die Hand meines Mannes nahm und küßte. Aber gleich war es wieder vorbei. Denn, sehen Sie, in diesem Augenblick mußte ich an unser Kind denken. Und da hab ich gefühlt, wie unauflöslich ich und Gregor miteinander verbunden waren, und wie alles andere nichts sein konnte, als Schatten, Nichtigkeiten oder Komödie, wie heute abend. Und da war alles wieder gut. Wir sind dann noch alle bis zum Morgengrauen auf dem Boulevard in einem Kaffeehause gesessen. Da hörte ich, wie Madeleine meinen Gatten bat, er solle sie nach Hause begleiten. Er lachte sie aus. Und dann, um den Spaß zu einem guten und in gewissem Sinne vorteilhaften Ende zu führen – Sie wissen ja, was die Künstler alle für Egoisten sind ... insofern es sich nämlich um ihre Kunst handelt ... – kurz, er sagte ihr, daß er Bildhauer sei, und forderte sie auf, nächstens zu ihm zu kommen, er wollte sie modellieren. Sie antwortete: »Wenn du ein Bildhauer bist, lasse ich mich hängen! Aber ich komm' doch.«

Mathilde schwieg. Aber nie habe ich die Augen eines weiblichen Wesens so viel Leid ausdrücken – oder verbergen sehen. Dann, nachdem sie sich gefaßt zu dem letzten, was sie mir noch zu sagen hatte, fuhr sie fort: »Gregor wollte durchaus, ich sollte am nächsten Tag im Atelier sein. Ja, er machte mir sogar den Vorschlag, hinter dem Vorhang verborgen zu bleiben, wenn sie käme. Nun, es gibt Frauen, viele Frauen, ich weiß es, die darauf eingegangen wären. Ich aber finde: entweder man glaubt oder man glaubt nicht ... Und ich habe mich entschlossen, zu glauben. Hab ich nicht recht?« Und sie sah mich mit großen, fragenden Augen an. Ich nickte nur, und sie sprach weiter: »Madeleine kam natürlich am Tag darauf und dann sehr oft ... wie manche andere vorher und nachher gekommen ist ... und daß sie eine der schönsten war, können Sie mir glauben. Sie selbst sind erst heute vor ihr in Bewunderung gestanden, draußen am Teich.«

»Die Tänzerin?«

»Ja, Madeleine hat zu ihr Modell gestanden. Und nun denken Sie, daß ich in einem solchen oder in einem anderen Falle mißtrauisch gewesen wäre! Würde ich nicht ihm und mir das Dasein zur Qual gemacht haben? Ich bin sehr froh, daß ich keine Anlage zur Eifersucht habe.«

Irgend jemand stand in der offenen Mitteltür und hatte begonnen, einen wahrscheinlich sehr witzigen Toast auf den Hausherrn zu sprechen, denn die

Leute lachten von ganzem Herzen. Ich aber betrachtete Mathilde, die ebensowenig zuhörte wie ich. Und ich sah, wie sie zu ihrem Gatten hinüberschaute und ihm einen Blick zuwarf, der nicht nur eine unendliche Liebe verriet, sondern auch ein unerschütterliches Vertrauen heuchelte, als wäre es wahrhaftig ihre höchste Pflicht, ihn im Genuß des Daseins auf keine Weise zu stören. Und er empfing auch diesen Blick – lächelnd, unbeirrt, obwohl er natürlich ebensogut wußte als ich, daß sie litt und ihr Leben lang gelitten hat wie ein Tier.

Und darum glaub ich nicht an die Fabel von dem Herzschlag. Ich habe an jenem Abend Mathilde zu gut kennen gelernt, und für mich steht es fest: so wie sie vor ihrem Gatten die glückliche Frau gespielt hat vom ersten Augenblick bis zum letzten, während er sie belogen und zum Wahnsinn getrieben hat, so hat sie ihm auch schließlich einen natürlichen Tod vorgespielt, als sie das Leben hinwarf, weil sie es nicht mehr ertragen konnte.

Und er hatte auch dieses letzte Opfer hingenommen, als käme es ihm zu.

Da stehe ich vor dem Gitter ... Die Läden sind fest geschlossen. Weiß und wie verzaubert liegt die kleine Villa im Dämmerschein, und dort schimmert der Marmor zwischen den roten Zweigen ...

Vielleicht bin ich übrigens ungerecht gegen Samodeski. Am Ende ist er so dumm, daß er die Wahrheit wirklich nicht ahnt. Aber es ist traurig, zu denken,

143

daß es für Mathilde im Tode keine größere Wonne gäbe, als zu wissen, daß ihr letzter himmlischer Betrug gelungen ist.

Oder irre ich mich gar? Und es war ein natürlicher Tod?... Nein, ich lasse mir nicht das Recht nehmen, den Mann zu hassen, den Mathilde so sehr geliebt hat. Das wird ja wahrscheinlich für lange Zeit mein einziges Vergnügen sein

24. Die Wanderung

Dunkle Gerüchte waren durch das Land gezogen und seltsame Worte, als sollte die Zeit sich erfüllt haben und der Messias nahe sein. Immer häufiger kamen Männer von Jerusalem zu den kleineren Orten Judäas und erzählten von Zeichen und Wundern, die sich ereignet hatten. Und wenn sie zu wenigen beisammen waren, dann senkten sie ihre Stimmen geheimnisschwer, um von dem seltsamen Manne zu künden, den sie Meister nannten. Allerorts hörte man sie dann gerne und glaubte ihnen mit banger Zuversicht, denn die Sehnsucht nach dem Erlöser war drängend und reif geworden im Volke, wie eine Blüte, die ihren Kelch zersprengt. Und wenn man der Verheißungen in den heiligen Büchern gedachte, so nannte man seinen Namen, und ein hoffnungsfrohes Leuchten flammte in den Blicken.

Damals lebte auch ein Jüngling im Lande, dessen Herz gläubig war und erwartungsvoll. Die armen Pilger, die des Weges von Jerusalem kamen, lud er in sein Haus, daß sie ihm vom Heilande berichteten, und wenn sie von ihm sprachen und von seinen wunderseligen Taten und Worten, da fühlte er einen dumpfen Schmerz im Herzen, denn sein Verlangen wurde jäh und ungestüm, das Angesicht des Erlösers zu schauen. Tag und Nacht träumte er von ihm, und seine rastlose Sehnsucht

formte tausend Bilder seines Antlitzes voll Güte und Milde, er aber fühlte,

daß sie doch nur stammelnde Abbilder einer großen Vollendung seien. Und

ihm war, als müßte alle Unrast und Schmerzlichkeit seiner jungen Seele

schwinden, dürfte er nur einmal den leuchtenden Glanz tragen, der von dem

Herrn ausging. Noch aber wagte er es nicht, Heimat und Arbeit zu verlassen,

die ihn ernährten, und dorthin zu gehen, wohin ihn seine Sehnsucht wies.

Einmal aber erwachte er plötzlich in tiefer Nacht aus einem Traum. Er

vermochte sich seiner nicht mehr zu besinnen, nicht einmal, ob er ihm Glück

gegeben oder einen Schmerz; er fühlte nur so, als ob ihn jemand von ferne

gerufen hätte. Und da wußte er, daß der Heiland ihn zu sich entboten. Im

schwersten Dunkel erwuchs ihm noch der jähe Entschluß, daß er nun nicht

mehr zaudern dürfe, seines Herrn Angesicht zu schauen, und der sehnsüchtige

Drang ward so siegreich und mächtig in ihm, daß er sich sogleich ankleidete,

einen starken Wanderstab nahm und, ohne jemandem ein Wort zu sagen, aus

dem schlummernden Hause ging, den Weg gegen Jerusalem zu.

Helles Mondlicht lag auf der Straße, und der Schatten seiner hastenden

Gestalt eilte vor ihm her. Denn sein Schritt war beschleunigt und beinahe

ängstlich; es schien, als wollte er das monatelange Versäumnis in dieser einen

Nacht wett machen. In ihm bangte ein Gedanke, den er sich kaum zu sagen

146

wagte: es könnte zu spät sein, und er würde den Heiland nicht mehr finden.

Und manchmal überkam ihn auch die bange Furcht, er könnte den Weg

verfehlen. Aber dann gedachte er des innigen Wunders, das er vernommen

von drei Königen aus fernem Lande, die ein leuchtender Stern durch das

Dunkel geführt. Und da verließ wieder die lästige Schwere seine Seele, und

der eilende Wanderschritt hallte sicher und fest auf dem harten Pfade.

Einige Stunden eilte er so dahin, dann ward es Morgen. Langsam hob sich der

Nebel und zeigte das farbensatte Hügelland mit seinen fernen Bergen und

hellen Gehöften, die zur Rast einluden. Er aber hielt nicht inne auf seiner

Wanderung, sondern strebte unablässig weiter. Langsam stieg die Sonne

höher und höher. Und es ward ein heißer Tag, der sich schwer über das Land

legte.

Bald wurde sein Schritt langsamer. Lichte Schweißperlen tropften von seinem

Körper, und das schwere Feiertagsgewand begann ihn zu drücken. Zuerst

legte er es über die Schulter, um es zu bewahren, und ging in ärmlicher

Gewandung dahin. Bald aber begann er die Schwere der Last zu fühlen und

wußte nicht mehr, was er mit dem Kleide beginnen sollte. Er wollte es nicht

weggeben, denn er war arm und hatte kein anderes Feiertagsgewand, so daß

er schon daran dachte, es im nächsten Dorfe zu verkaufen oder als Pfand für

Geld zu geben. Aber als ein Bettler mühselig des Weges daherkam, dachte er seines fernen Meisters und schenkte das Gewand dem Armen.

Eine kurze Zeit ging er wieder rüstiger, doch dann verlangsamte sich von neuem sein Gang. Die Sonne stand schon hoch und heiß, und die Schatten der Bäume fielen nur als schmale Streifen über den staubigen Weg. Sehr selten kam ein schwacher Wind durch die stockende Mittagsschwüle, der aber trieb den breitkörnigen und schweren Staub der Straße mit sich, der sich an den schweißüberströmten Körper klebte. Und er fühlte ihn auch auf den vertrockneten

Lippen brennen, die lange nach einem Trunke lechzten. Aber die Gegend war gebirgig und öde, nirgends war ein frischer Quell zu sehen oder ein gastliches Haus.

Manchmal kam ihm der Gedanke, er sollte umkehren oder doch wenigstens im Schatten einige Stunden rasten. Aber eine immer wachsende Unruhe trieb ihn weiter mit schwankenden Knieen und lechzenden Lippen seinem Ziele entgegen.

Inzwischen war es Mittag geworden. Die Sonne brannte heiß und stechend vom wolkenlosen Himmel herab, und die Straße glühte unter den Sandalen des Wanderers wie flüssiges Erz. Seine Augen waren rot und geschwollen

148

vom Staube, der Gang wurde immer unsicherer, und die ausgetrocknete

Zunge vermochte nicht mehr den seltenen Vorüberwandernden den frommen

Willkommengruß zu erwidern. Längst hätten alle Kräfte versagt, aber es war,

als triebe der Wille allein ihn noch vorwärts und die furchtbare Angst, er

könnte sich verspäten und möchte das leuchtende Antlitz nicht mehr schauen,

das seine Träume erhellte. Und der höhnische Gedanke, daß er ihm schon

nahe sei, nur mehr zwei armselige Stunden von der heiligen Stadt, drohte ihm

das Gehirn zu zersprengen.

Bis zu einem Hause am Wege schleppte er sich noch fort. Mit letzter Kraft

warf er den knorrigen Wanderstab gegen die Tür und bat die öffnende Frau

mit trockener und fast unhörbarer Stimme um einen Trunk. Dann brach er

ohnmächtig über der Schwelle zusammen.

Als er wieder zur Besinnung erwachte, fühlte er wieder sichere und frische

Kraft in seinen Gliedern. Er fand sich in einem kleinen Raum von

wohltuender Kühle auf einem Ruhebette ausgestreckt. Und überall die Spuren

einer

mildtätig-sorglichen Hand; sein glühender Körper war mit Essig gewaschen

worden und sorgfältig gesalbt, und neben seinem Lager stand noch das Gefäß,

aus dem man ihn gelabt.

Sein erster Gedanke galt der Zeit, und er sprang rasch vom Lager, um nach

der Sonne zu sehen. Die stand noch hoch, denn es war erst früher Nachmittag,

so daß er wenig Zeit versäumt hatte. In diesem Augenblicke trat die Frau ins

Zimmer, die ihm früher das Tor geöffnet. Sie war noch jung und dem

Aussehen nach eine Syrierin; wenigstens hatten ihre Augen jenen dunklen

raubtierartigen Glanz der Frauen dieses Volkes, und ihre Hände und

Ohrgehänge verrieten die kindliche Freude am Schmuck, die allen diesen

Frauen eigen ist. Ihr Mund lächelte leise, als sie ihm Willkommen in ihrem

Hause bot.

Er sagte ihr warmen Dank für ihre Gastfreundschaft, wagte es aber nicht,

gleich vom Abschied zu sprechen, so sehr ihn auch sein Herz auf den Weg

drängte. Und nur ungern folgte er ihr in das Speisegemach, wo sie ihm eine

Mahlzeit vorbereitet. Dort hieß sie ihn mit einer Gebärde sich niederzulassen,

fragte ihn dann nach seinem Namen und um das Ziel seiner Reise. Und bald

kamen sie ins Gespräch. Sie begann von sich zu erzählen, daß sie die Frau

eines römischen Centurio sei, der sie aus ihrem Heimatlande entführt hatte

und hierhergebracht, wo ihr das Leben in seiner Eintönigkeit, fern von ihren

Stammesgenossen, wenig behage. Heute bliebe er den ganzen Tag in der

Stadt, denn Pontius Pilatus, der Statthalter, habe die Hinrichtung dreier

Verbrecher angeordnet. Und so sprach sie noch allerlei gleichgültige Dinge mit viel Geschäftigkeit, ohne auf seine unruhige und ungeduldige Miene zu achten. Und manchmal

sah sie ihn mit einem eigentümlich lächelnden Blick an, denn er war ein schöner Jüngling.

Zuerst bemerkte er von alldem nichts, denn er achtete nicht auf sie und ließ ihre Worte wie ein sinnloses Geräusch an sich vorbeiströmen. Sein ganzes Denken verlor sich immer wieder in dem einzigen Gedanken, daß er weiterwandern müsse, um noch heute den Heiland zu sehen. Aber der schwere Wein, den er achtlos trank, gab seinen Gliedern Müdigkeit und Schwere, und mit der Sättigung überkam ihn auch das sanfte Gefühl einer trägen Behaglichkeit. Und als die sinkende Willenskraft ihn nach dem Mahle zu einem matten Versuche zwang, Abschied zu nehmen, hielt sie ihn mit Hinblick auf die drückende Hitze des Nachmittags ohne viel Mühe zurück. Und lächelnd verwies sie ihm seine Hast, die mit wenigen Stunden geize. Wenn er schon Monate gezögert, dürfe er doch nicht mit einem einzigen Tage rechnen. Und mit ihrem seltsamen Lächeln kam sie immer wieder darauf zurück, daß sie allein zu Hause sei, ganz allein. Dabei bohrte sich ihr Blick verlangend in den seinen. Und auch über ihn war eine seltsame Unruhe gekommen. Der Wein hatte in ihm dumpfe Begierden geweckt, und sein Blut, das in dem kochenden, verzehrenden Brande der Sonne geglüht, pochte in seinen Adern mit einer seltsamen Schwüle, die sein Denken immer mehr überwältigte. Und als sie ihr Antlitz einmal nah zu dem seinen neigte und er den verlockenden Duft ihrer Haare einsog, riß er sie zu sich und küßte sie in stürmischem Überschwang. Und sie wehrte ihm nicht...

Und er vergaß seiner heiligen Sehnsucht und dachte nur derer, die er in seinen fiebernden Armen hielt, einen langen schwülen Sommernachmittag lang.

Erst die Dämmerung erweckte ihn wieder aus seinem Taumel. Jäh, fast feindselig riß er sich aus ihren Armen los, denn der Gedanke, er könnte den Messias versäumt haben um eines Weibes willen, machte ihn furcht erfüllt und wild. In Hast nahm er seine Kleider, ergriff den Stab und verließ das Haus nur mit einer stummen Gebärde des Abschieds. Denn wie eine Ahnung war es in ihm, daß er dieser Frau nicht Dank sagen dürfe.

In unaufhörlicher Hast strebte er Jerusalem zu. Der Abend war schon gesunken, und in allen Ästen und Zweigen bebte ein Rauschen wie von einem dunklen Geheimnis, das die Welt erfüllte. Und ferne in der Richtung gegen die Stadt zu lagen dunkle Wolken, die langsam im Abendrote zu glühen begannen. Und sein Herz erschrak in jäher und unverständlicher Angst, wie er dieses grelle Zeichen am Himmel erkannte.

Atemlos legte er den Rest des Weges zurück, und schon lag das Ziel vor seinen Augen. Er aber dachte immer wieder, daß er seiner Berufung untreu geworden sei, um einer flüchtigen Wollust willen, und die dumpfe Schwere in seinem Herzen wollte nicht leichter werden, ob er auch die hellen Mauern und blanken Türme der heiligen Stadt erblickte und die leuchtenden Zinnen des Tempels.

Nur einmal hielt er inne auf seiner Wanderung. Nahe der Stadt, auf einem niederen Hügel, sah er eine gewaltige Menge Menschen, die sich wirr durcheinander drängte und so laut lärmte, daß er die Stimmen selbst aus der Ferne vernahm. Und über ihnen sah er drei Kreuze ragen, die sich schwarz und scharf von der Himmelswand abhoben. Diese aber war überflutet von heller Glut, als sei die ganze Welt mit leuchtendem Flammenschein übergossen und

in drohenden Glanz getaucht. Und die blanken Speere der Söldner glühten, als seien sie mit Blut befleckt....

Ein Mann kam auf dem menschenleeren Weg daher, mit ziellosem, unruhigem Gang. Den fragte er, was hier geschehe, um im nächsten Augenblick maßlos zu erstaunen. Denn das Antlitz, das der Fremde vom Boden erhob, war so schreckverzerrt und erstarrt, wie von einem jähen Schlage gerührt, und ehe

153

sich der Fragende fassen konnte, stürmte er in wilder Verzweiflung davon, wie von Dämonen verfolgt. Verwundert rief er ihm nach. Der Fremde wendete sich nicht um, sondern lief fort und fort, aber dem Weiterwandernden dünkte es, als hätte er in ihm einen Mann aus Kerijoth, namens Judas Ischariot, erkannt. Doch er verstand nicht sein seltsames Gebaren.

Den Nächsten, der des Weges vorüberzog, befragte er ebenfalls. Der aber war eilig und sagte nur, es seien drei Verbrecher gekreuzigt worden, die Pontius Pilatus verurteilt habe. Und ehe er ihn weiter fragen konnte, war er vorüber.

Und da ging er selbst weiter gegen Jerusalem zu. Einmal warf er noch einen Blick zurück auf den Hügel, der wie mit Blut umwölkt war, und sah zu den drei Gekreuzigten hin. Zum Rechten, zum Linken und zuletzt zu dem in der Mitte. Aber er konnte sein Angesicht nicht mehr erkennen.

Und er schritt achtlos vorüber und wanderte zur Stadt, um das Antlitz des Erlösers zu schauen....

25. *Schwere Stunde*

Er stand vom Schreibtisch auf, von seiner kleinen, gebrechlichen

Schreibkommode, stand auf wie ein Verzweifelter und ging mit

hängendem Kopfe in den entgegengesetzten Winkel des Zimmers

zum Ofen, der lang und schlank war wie eine Säule. Er legte die

Hände an die Kacheln, aber sie waren fast ganz erkaltet, denn

Mitternacht war lange vorbei, und so lehnte er, ohne die kleine

Wohltat empfangen zu haben, die er suchte, den Rücken daran, zog

hustend die Schöße seines Schlafrockes zusammen, aus dessen

Brustaufschlägen das verwaschene Spitzenjabot heraushing, und

schnob mühsam durch die Nase, um sich ein wenig Luft zu

verschaffen; denn er hatte den Schnupfen wie gewöhnlich.

Das war ein besonderer und unheimlicher Schnupfen, der ihn fast

nie völlig verließ. Seine Augenlider waren entflammt und die

Ränder seiner Nasenlöcher ganz wund davon, und in Kopf und

Gliedern lag dieser Schnupfen ihm wie eine schwere, schmerzliche

Trunkenheit. Oder war an all der Schlaffheit und Schwere das

leidige Zimmergewahrsam schuld, das der Arzt nun schon wieder

seit Wochen über ihn verhängt hielt? Gott wußte, ob er wohl daran

tat. Der ewige Katarrh und die Krämpfe in Brust und Unterleib

155

mochten es nötig machen, und schlechtes Wetter war über Jena, seit

Wochen, seit Wochen, das war richtig, ein miserables und

hassenswertes Wetter, das man in allen Nerven spürte, wüst, finster

und kalt, und der Dezemberwind heulte im Ofenrohr, verwahrlost

und gottverlassen, daß es klang nach nächtiger Heide im Sturm und

Irrsal und heillosem Gram der Seele. Aber gut war sie nicht, diese

enge Gefangenschaft, nicht gut für die Gedanken und den Rhythmus

des Blutes, aus dem die Gedanken kamen...

Das sechseckige Zimmer, kahl, nüchtern und unbequem, mit seiner

geweißten Decke, unter der Tabaksrauch schwebte, seiner schräg

karierten Tapete, auf der oval gerahmte Silhouetten hingen, und

seinen vier, fünf dünnbeinigen Möbeln, lag im Lichte der beiden

Kerzen, die zu Häupten des Manuskripts auf der Schreibkommode

brannten. Rote Vorhänge hingen über den oberen Rahmen der

Fenster, Fähnchen nur, symmetrisch geraffte Kattune; aber sie waren

rot, von einem warmen, sonoren Rot, und er liebte sie und wollte sie

niemals missen, weil sie etwas von Üppigkeit und Wollust in die

unsinnlich-enthaltsame Dürftigkeit seines Zimmers brachten...

Er stand am Ofen und blickte mit einem raschen und schmerzlich

angestrengten Blinzeln hinüber zu dem Werk, von dem er geflohen war, dieser Last, diesem Druck, dieser Gewissensqual, diesem Meer,

das auszutrinken, dieser furchtbaren Aufgabe, die sein Stolz und

sein Elend, sein Himmel und seine Verdammnis war. Es schleppte

sich, es stockte, es stand—schon wieder, schon wieder! Das Wetter

war schuld und sein Katarrh und seine Müdigkeit. Oder das Werk?

Die Arbeit selbst? Die eine unglückselige und der Verzweiflung

geweihte Empfängnis war?

Er war aufgestanden, um sich ein wenig Distanz davon zu

verschaffen, denn so oft bewirkte die räumliche Entfernung vom

Manuskript, daß man Übersicht gewann, einen weiteren Blick über

den Stoff, und Verfügungen zu treffen vermochte. Ja, es gab Fälle,

wo das Erleichterungsgefühl, wenn man sich abwendete von der

Stätte des Ringens, begeisternd wirkte. Und das war eine

unschuldigere Begeisterung, als wenn man Likör nahm oder

schwarzen, starken Kaffee… Die kleine Tasse stand auf dem

Tischchen. Wenn sie ihm über das Hemmnis hülfe? Nein, nein, nicht

mehr! Nicht der Arzt nur, auch ein zweiter noch, ein Ansehnlicherer,

hatte ihm dergleichen behutsam widerraten: der andere, der dort, in

Weimar, den er mit einer sehnsüchtigen Feindschaft liebte. Der war weise. Der wußte zu leben, zu schaffen; mißhandelte sich nicht; war voller Rücksicht gegen sich selbst...

Stille herrschte im Hause. Nur der Wind war hörbar, der die Schloßgasse hinuntersauste, und der Regen, wenn er prickelnd gegen die Fenster getrieben ward. Alles schlief, der Hauswirt und die Seinen, Lotte und die Kinder. Und er stand einsam wach am erkalteten Ofen und blinzelte gequält zu dem Werk hinüber, an das seine kranke Ungenügsamkeit ihn glauben ließ... Sein weißer Hals ragte lang aus der Binde hervor, und zwischen den Schößen des Schlafrocks sah man seine nach innen gekrümmten Beine. Sein rotes Haar war aus der hohen und zarten Stirn zurückgestrichen, ließ blaß geäderte Buchten über den Schläfen frei und bedeckte die Ohren in dünnen Locken. An der Wurzel der großen, gebogenen Nase, die unvermittelt in eine weißliche Spitze endete, traten die starken Brauen, dunkler als das Haupthaar, nahe zusammen, was dem Blick der tiefliegenden, wunden Augen etwas tragisch Schauendes gab. Gezwungen, durch den Mund zu atmen, öffnete er die dünnen Lippen, und seine Wangen, sommersprossig und von Stubenluft fahl, erschlafften und fielen ein...

Nein, es mißlang, und alles war vergebens! Die Armee! Die Armee

hätte gezeigt werden müssen! Die Armee war die Basis von allem!

Da sie nicht vors Auge gebracht werden konnte—war die ungeheure

Kunst denkbar, sie der Einbildung aufzuzwingen? Und der Held war

kein Held; er war unedel und kalt! Die Anlage war falsch, und die

Sprache war falsch, und es war ein trockenes und schwungloses

Kolleg in Historie, breit, nüchtern und für die Schaubühne verloren!

Gut, es war also aus. Eine Niederlage. Ein verfehltes Unternehmen.

Bankerott. Er wollte es Körnern schreiben, dem guten Körner, der

an ihn glaubte, der in kindischem Vertrauen seinem Genius anhing.

Er würde höhnen, flehen, poltern—der Freund; würde ihn an den

Carlos gemahnen, der auch aus Zweifeln und Mühen und

Wandlungen hervorgegangen und sich am Ende, nach aller Qual, als

ein weithin Vortreffliches, eine ruhmvolle Tat erwiesen hat. Doch

das war anders gewesen. Damals war er der Mann noch, eine Sache

mit glücklicher Hand zu packen und sich den Sieg daraus zu

gestalten. Skrupel und Kämpfe? O ja. Und krank war er gewesen,

wohl kränker als jetzt, ein Darbender, Flüchtiger, mit der Welt

Zerfallener, gedrückt und im Menschlichen bettelarm. Aber jung,

ganz jung noch! Jedesmal, wie tief auch gebeugt, war sein Geist

159

geschmeidig emporgeschnellt, und nach den Stunden des Harms waren die anderen des Glaubens und des inneren Triumphes gekommen. Die kamen nicht mehr, kamen kaum noch. Eine Nacht der flammenden Stimmung, da man auf einmal in einem genialisch leidenschaftlichen Lichte sah, was werden könnte, wenn man immer solcher Gnade genießen dürfte, mußte bezahlt werden mit einer Woche der Finsternis und der Lähmung. Müde war er, siebenunddreißig erst alt und schon am Ende. Der Glaube lebte nicht mehr, der an die Zukunft, der im Elend sein Stern gewesen. Und so war es, dies war die verzweifelte Wahrheit: Die Jahre der Not und der Nichtigkeit, die er für Leidens- und Prüfungsjahre gehalten, sie eigentlich waren reiche und fruchtbare Jahre gewesen; und nun, da ein wenig Glück sich herniedergelassen, da er aus dem Freibeutertum des Geistes in einige Rechtlichkeit und bürgerliche Verbindung eingetreten war, Amt und Ehren trug, Weib und Kinder besaß, nun war er erschöpft und fertig. Versagen und verzagen—das war's, was übrigblieb.

Er stöhnte, preßte die Hände vor die Augen und ging wie gehetzt durch das Zimmer. Was er da eben gedacht, war so furchtbar, daß er nicht an der Stelle zu bleiben vermochte, wo ihm der Gedanke gekommen war. Er setzte sich auf einen Stuhl an der Wand, ließ die gefalteten Hände zwischen den Knien hängen und starrte trüb auf die Diele nieder.

Das Gewissen… wie laut sein Gewissen schrie! Er hatte gesündigt, sich versündigt gegen sich selbst in all den Jahren, gegen das zarte Instrument seines Körpers. Die Ausschweifungen seines Jugendmutes, die durchwachten Nächte, die Tage in tabakrauchiger Stubenluft, übergeistig und des Leibes uneingedenk, die Rauschmittel, mit denen er sich zur Arbeit gestachelt—das rächte, rächte sich jetzt!

Und rächte es sich, so wollte er den Göttern trotzen, die Schuld schickten und dann Strafe verhängten. Er hatte gelebt, wie er leben mußte, er hatte nicht Zeit gehabt, weise, nicht Zeit, bedächtig zu sein. Hier, an dieser Stelle der Brust, wenn er atmete, hustete, gähnte, immer am selben Punkt dieser Schmerz, diese kleine, teuflische, stechende, bohrende Mahnung, die nicht schwieg, seitdem vor fünf Jahren in Erfurt das Katarrhfieber, jene hitzige Brustkrankheit, ihn angefallen—was wollte sie sagen? In Wahrheit, er wußte es nur zu gut, was sie meinte—mochte der Arzt sich stellen wie er konnte und wollte. Er hatte nicht Zeit, sich mit kluger

Schonung zu begegnen, mit milder Sittlichkeit hauszuhalten. Was er

tun wollte, mußte er bald tun, heute noch, schnell... Sittlichkeit?

Aber wie kam es zuletzt, daß die Sünde gerade, die Hingabe an das

Schädliche und Verzehrende ihn moralischer dünkte als alle

Weisheit und kühle Zucht? Nicht sie, nicht die verächtliche Kunst

des guten Gewissens waren das Sittliche, sondern der Kampf und

die Not, die Leidenschaft und der Schmerz!

Der Schmerz... Wie das Wort ihm die Brust weitete! Er reckte sich

auf, verschränkte die Arme; und sein Blick, unter den rötlichen,

zusammenstehenden Brauen, beseelte sich mit schöner Klage. Man

war noch nicht elend, ganz elend noch nicht, solange es möglich

war, seinem Elend eine stolze und edle Benennung zu schenken.

Eins war not: Der gute Mut, seinem Leben große und schöne Namen

zu geben! Das Leid nicht auf Stubenluft und Konstipation

zurückzuführen! Gesund genug sein, um pathetisch sein—um über

das Körperliche hinwegsehen, hinwegfühlen zu können! Nur hierin

naiv sein, wenn auch sonst wissend in allem! Glauben, an den

Schmerz glauben können... Aber er glaubte ja an den Schmerz, so

tief, so innig, daß etwas, was unter Schmerzen geschah, diesem

Glauben zufolge weder nutzlos noch schlecht sein konnte. Sein

162

Blick schwang sich zum Manuskript hinüber, und seine Arme verschränkten sich fester über der Brust... Das Talent selbst—war es nicht Schmerz? Und wenn das dort, das unselige Werk, ihn leiden machte, war es nicht in der Ordnung so und fast schon ein gutes Zeichen? Es hatte noch niemals gesprudelt, und sein Mißtrauen würde erst eigentlich beginnen, wenn es das täte. Nur bei Stümpern und Dilettanten sprudelte es, bei den Schnellzufriedenen und Unwissenden, die nicht unter dem Druck und der Zucht des Talentes lebten. Denn das Talent, meine Herren und Damen dort unten, weithin im Parterre, das Talent ist nichts Leichtes, nichts Tändelndes, es ist nicht ohne weiteres ein Können. In der Wurzel ist es Bedürfnis, ein kritisches Wissen um das Ideal, eine Ungenügsamkeit, die sich ihr Können nicht ohne Qual erst schafft und steigert. Und den Größten, den Ungenügsamsten ist ihr Talent die schärfste Geißel... Nicht klagen! Nicht prahlen! Bescheiden, geduldig denken von dem, was man trug! Und wenn nicht ein Tag in der Woche, nicht eine Stunde von Leiden frei war—was weiter? Die Lasten und Leistungen, die Anforderungen, Beschwerden, Strapazen gering achten, klein sehen,—das war's, was groß machte!

Er stand auf, zog die Dose und schnupfte gierig, warf dann die Hände auf den Rücken und schritt so heftig durch das Zimmer, daß die Flammen der Kerzen im Luftzuge flatterten... Größe! Außerordentlichkeit! Welteroberung und Unsterblichkeit des Namens! Was galt alles Glück der ewig Unbekannten gegen dies Ziel? Gekannt sein,—gekannt und geliebt von den Völkern der Erde! Schwatzet von Ichsucht, die ihr nichts wißt von der Süßigkeit dieses Traumes und Dranges! Ichsüchtig ist alles Außerordentliche, sofern es leidet. Mögt ihr selbst zusehen, spricht es, ihr Sendungslosen, die ihr's auf Erden so viel leichter habt! Und der Ehrgeiz spricht: Soll das Leiden umsonst gewesen sein? Groß muß es mich machen!...

Die Flügel seiner großen Nase waren gespannt, sein Blick drohte und schweifte. Seine Rechte war heftig und tief in den Aufschlag seines Schlafrockes geschoben, während die Linke geballt herniederhing. Eine fliegende Röte war in seine hageren Wangen getreten, eine Lohe, emporgeschlagen aus der Glut seines Künstleregoismus, jener Leidenschaft für sein Ich, die unauslöschlich in seiner Tiefe brannte. Er kannte ihn wohl, den heimlichen Rausch dieser Liebe. Zuweilen brauchte er nur seine

164

Hand zu betrachten, um von einer begeisterten Zärtlichkeit für sich selbst erfüllt zu werden, in deren Dienst er alles, was ihm an Waffen des Talentes und der Kunst gegeben war, zu stellen beschloß. Er durfte es, nichts war unedel daran. Denn tiefer noch als diese Ichsucht lebte das Bewußtsein, sich dennoch bei alldem im Dienste vor irgend etwas Hohem, ohne Verdienst freilich, sondern unter einer Notwendigkeit, uneigennützig zu verzehren und aufzuopfern. Und dies war seine Eifersucht: daß niemand größer werde als er, der nicht auch tiefer als er um dieses Hohe gelitten.

Niemand!... Er blieb stehen, die Hand über den Augen, den Oberkörper halb seitwärts gewandt, ausweichend, fliehend. Aber er fühlte schon den Stachel dieses unvermeidlichen Gedankens in seinem Herzen, des Gedankens an ihn, den anderen, den Hellen, Tastseligen, Sinnlichen, Göttlich-Unbewußten, an den dort, in Weimar, den er mit einer sehnsüchtigen Feindschaft liebte... Und wieder, wie stets, in tiefer Unruhe, mit Hast und Eifer, fühlte er die Arbeit in sich beginnen, die diesem Gedanken folgte: das eigene Wesen und Künstlertum gegen das des anderen zu behaupten und abzugrenzen... War er denn größer? Worin? Warum? War es ein blutendes Trotzdem, wenn er siegte? Würde je sein Erliegen ein tragisches Schauspiel sein? Ein Gott, vielleicht—ein Held war er

nicht. Aber es war leichter, ein Gott zu sein als ein

Held!—Leichter… Der andere hatte es leichter! Mit weiser und

glücklicher Hand Erkennen und Schaffen zu scheiden, das mochte

heiter und quallos und quellend fruchtbar machen. Aber war

Schaffen göttlich, so war Erkenntnis Heldentum, und beides war der,

ein Gott und ein Held, welcher erkennend schuf!

Der Wille zum Schweren… Ahnte man, wieviel Zucht und

Selbstüberwindung ein Satz, ein strenger Gedanke ihn kostete?

Denn zuletzt war er unwissend und wenig geschult, ein dumpfer und

schwärmender Träumer. Es war schwerer, einen Brief des Julius zu

schreiben, als die beste Szene zu machen,—und war es nicht darum

auch fast schon das Höhere?—Vom ersten rhythmischen Drange

innerer Kunst nach Stoff, Materie, Möglichkeit des Ergusses—bis

zum Gedanken, zum Bilde, zum Worte, zur Zeile: welch Ringen!

welch Leidensweg! Wunder der Sehnsucht waren seine Werke, der

Sehnsucht nach Form, Gestalt, Begrenzung, Körperlichkeit, der

Sehnsucht hinüber in die klare Welt des anderen, der unmittelbar

und mit göttlichem Mund die besonnten Dinge bei Namen nannte.

Dennoch, und jenem zum Trotz: Wer war ein Künstler, ein Dichter gleich ihm, ihm selbst? Wer schuf, wie er, aus dem Nichts, aus der eigenen Brust? War nicht als Musik, als reines Urbild des Seins ein Gedicht in seiner Seele geboren, lange bevor es sich Gleichnis und Kleid aus der Welt der Erscheinungen lieh? Geschichte, Weltweisheit, Leidenschaft: Mittel und Vorwände, nicht mehr, für etwas, was wenig mit ihnen zu schaffen, was seine Heimat in orphischen Tiefen hatte. Worte, Begriffe: Tasten nur, die sein Künstlertum schlug, um ein verborgenes Saitenspiel klingen zu machen... Wußte man das? Sie priesen ihn sehr, die guten Leute, für die Kraft der Gesinnung, mit welcher er die oder jene Taste schlug. Und sein Lieblingswort, sein letztes Pathos, die große Glocke, mit der er zu den höchsten Festen der Seele rief, sie lockte viele herbei... Freiheit... Mehr und weniger, wahrhaftig, begriff er darunter als sie, wenn sie jubelten. Freiheit—was hieß das? Ein wenig Bürgerwürde doch nicht vor Fürstenthronen? Laßt ihr euch träumen, was alles ein Geist mit dem Worte zu meinen wagt? Freiheit wovon? Wovon zuletzt noch? Vielleicht sogar noch vom Glück, vom Menschenglück, dieser seidenen Fessel, dieser weichen und holden Verpflichtung...

Vom Glück... Seine Lippen zuckten; es war, als kehrte sein Blick sich nach innen, und langsam ließ er das Gesicht in die Hände sinken... Er war im Nebenzimmer. Bläuliches Licht floß von der Ampel, und der geblümte Vorhang verhüllte in stillen Falten das Fenster. Er stand am Bette, beugte sich über das süße Haupt auf dem Kissen... Eine schwarze Locke ringelte sich über die Wange, die von der Blässe der Perlen schien, und die kindlichen Lippen waren im Schlummer geöffnet... Mein Weib! Geliebte! Folgtest du meiner Sehnsucht und tratest du zu mir, mein Glück zu sein? Du bist es, sei still! Und schlafe! Schlag jetzt nicht diese süßen, langschattenden Wimpern auf, um mich anzuschauen, so groß und dunkel, wie manchmal, als fragtest und suchtest du mich! Bei Gott, bei Gott, ich liebe dich sehr! Ich kann mein Gefühl nur zuweilen nicht finden, weil ich oft sehr müde vom Leiden bin und vom Ringen mit jener Aufgabe, welche mein Selbst mir stellt. Und ich darf nicht allzusehr dein, nie ganz in dir glücklich sein, um dessentwillen, was meine Sendung ist...

Er küßte sie, trennte sich von der lieblichen Wärme ihres Schlummers, sah um sich, kehrte zurück. Die Glocke mahnte ihn, wie weit schon die Nacht vorgeschritten, aber es war auch zugleich, als zeigte sie gütig das Ende einer schweren Stunde an. Er atmete auf, seine Lippen schlossen sich fest; er ging und ergriff die Feder...

Nicht grübeln! Er war zu tief, um grübeln zu dürfen! Nicht ins Chaos hinabsteigen, sich wenigstens nicht dort aufhalten! Sondern aus dem Chaos, welches die Fülle ist, ans Licht emporheben, was fähig und reif ist, Form zu gewinnen. Nicht grübeln: Arbeiten! Begrenzen, ausschalten, gestalten, fertig werden...

Und es wurde fertig, das Leidenswerk. Es wurde vielleicht nicht gut, aber es wurde fertig. Und als es fertig war, siehe, da war es auch gut. Und aus seiner Seele, aus Musik und Idee, rangen sich neue Werke hervor, klingende und schimmernde Gebilde, die in heiliger Form die unendliche Heimat wunderbar ahnen ließen, wie in der Muschel das Meer.

100 German short stories including audio

If you liked the stories from this book, you will certainly love this complete short story collection book written by the same author. This book contains 100 German short stories including audio.

100 GERMAN
SHORT STORIES
FOR BEGINNERS

FREE MP3

Language Starter Book

**LEARN GERMAN
WITH SHORT STORIES**
INCLUDING AUDIOBOOK
GERMAN EDITION
FOREIGN LANGUAGE BOOK 1

CHRISTIAN STAHL

***

Christian Stahl

Details of all the author's available books and upcoming

titles can be found at:

www.shortstoriesforbeginners.com

***

***

www.ingramcontent.com/pod-product-compliance
Lightning Source LLC
Chambersburg PA
CBHW070654100726
47907CB00007B/2200